KB175835

임동석중국사상100

사마법

司馬法

司馬穰苴 撰 / 林東錫 譯註

사마양저

象犀珠玉琦怪珍之物有悅於人之耳目而不適於用　金石草木絲麻五穀六材有適於用而用之則弊取之則竭　悅於人之耳目而適於用用之而不弊取之而不竭　賢不肖之所得各因其才　仁智之所見各隨其分　而才分不同而求無不獲者惟書乎

丁亥菊秋録東坡李氏山房藏書記　丘堂呂元九

"상아, 물소 뿔, 진주, 옥. 진괴한 이런 물건들은 사람의 이목은 즐겁게 하지만 쓰임에는 적절하지 않다. 그런가 하면 금석이나 초목, 실, 삼베, 오곡, 육재는 쓰임에는 적절하나 이를 사용하면 닳아지고 취하면 고갈된다. 그렇다면 사람의 이목을 즐겁게 하면서 이를 사용하기에도 적절하며, 써도 닳지 아니하고 취하여도 고갈되지 않고, 똑똑한 자나 불초한 자라도 그를 통해 얻는 바가 각기 그 자신의 재능에 따라주고, 어진 사람이나 지혜로운 사람이나 그를 통해 보는 바가 각기 그 자신의 분수에 따라주되 무엇이든지 구하여 얻지 못할 것이 없는 것은 오직 책뿐이로다."

《소동파전집》(34) 〈이씨산방장서기〉에서 구당(丘堂) 여원구(呂元九) 선생의 글씨

책머리에

"국가수대國家雖大, 호전필망好戰必亡; 천하수안天下雖安, 망전필위忘戰必危"
(나라가 비록 강대하다 해도 전쟁을 일으키기를 즐겨하면 틀림없이 망할 것이요, 천하가 비록
안정되었다 하나 전쟁을 잊고 살면 틀림없이 위험해질 것이다)

이 말은 천하에 널리 알려진 명언이다. 바로 이 《사마법》에 실려 있는
성어이다.

《사마법》은 춘추말기 유명한 안자(晏子, 晏嬰)와 더불어 제齊나라 경공景公을
섬긴 장군 사마양저(司馬穰苴, 田穰苴)의 저술로 알려져 있다. 그러나 사기와
그 내용이 차이가 있어 많은 사람들이 지금도 의심을 나타내고 있기는 하다.
특히 사마司馬라는 것은 고대 주周나라 시대 국방을 책임진 직책의 이름으로
《주례周禮》에 그 업무의 분담내용이 자세히 실려 있으므로 고대부터 내려오던
그들의 집무상 필요한 교과서가 그 이름을 연용하여 이루어진 것이 아닌가
여기기도 한다.

좌우간 이 책은 송대宋代에 「무경칠서武經七書」의 하나로 채택되면서 병법서
로서의 가치를 인정받았고, 나아가 지금도 이에 대한 연구는 활발히 이루어지고
있다.

이에 본인은 우리에게도 전체 '칠서'를 묶어 역주하면서 함께 작업을 시도해
보았다. 그러나 본인은 병법에 문외한이어서, 문자에 얽매어 본래의 뜻을
놓치고 연구에 천학하여 깊은 함의를 벗어난 해석이 있을 것으로 심히 우려하고
있다. 병법학에 밝은 자와 관심을 가진 독자들이 이를 질정하고 고쳐 줄 것을
기대할 뿐이다.

임동석林東錫이 부곽재負郭齋에서 적음

일러두기

1. 이 책은 四庫全書 文淵閣本 《사마법司馬法》과 〈중국전통병법대전中國傳統
   兵法大全〉의 원문을 중심으로 하여 전문을 역주한 것이다.
2. 한편 현대 백화본 자료를 충분히 활용하였으며 많은 도움이 되었음을 밝힌다.
3. 역자 임의로 구절을 나누어 편장 번호와 괄호 안에 다시 구절 번호를 제시하였다.
4. 원문은 현대 중국의 표점부호를 사용하였다.
5. 해석은 직역을 위주로 하되 일부 의역을 가한 부분도 있다.
6. 매 단락의 제목은 주제에 맞추어 임의로 부여한 것이다.
7. 부록에 《사기》 사마양저 원문과 해석을 넣었으며 그 외에 관련 자료를
   수록하여 연구에 도움이 되도록 하였다.
8. 이 책의 역주에 참고한 초보적인 자료는 다음과 같다.

● 참고문헌
① 《司馬法》中國傳統兵法大全, 啓南(主編), 三環出版社, 1992. 湖南 長沙.
② 《司馬法》四庫全書 子部 兵家類, 文淵閣本 印本, 臺灣商務印書館, 臺北.
③ 《司馬法今註今譯》劉仲平(註譯), 臺灣商務印書館, 1977. 臺北.
④ 《新譯司馬法》王雲路(注譯), 三民書局, 1996. 臺北.
⑤ 《司馬法》百子全書, 岳麓書社, 1993. 湖南 長沙.
⑥ 《武經總要》宋 曾公亮·丁度(敕撰), 四庫全書 子部 兵家類.
⑦ 《三才圖會》明 王圻·王思義(編集), 上海古籍出版社 印本, 2005. 上海.
⑧ 司馬遷 《史記》·劉向《戰國策》·《荀子》·《韓非子》·《尉繚子》·《呂氏春秋》·
   《淮南子》·《說苑》·《新序》·《韓詩外傳》·賈誼《新書》·《太平御覽》·《資治
   通鑑》·《十八史略》등 기타 공구서는 생략함.

해 제

1. 중국 역대 병서

이미 《漢書》藝文志에는 七略 중에 〈兵書略〉을 따로 설정하고 다시 「權謀」·「形勢」·「陰陽」·「技巧」로 나누고 우선 「權謀」에는 《吳孫子兵法》·《齊孫子》·《公孫鞅》·《吳起》·《范蠡》·《大夫種》·《李(李)子》·《婭》·《兵春秋》·《龐煖》·《兒良》·《廣武君》·《韓信》 등 13家의 목록을 싣고 '右兵權謀十三家, 二百五十九篇. 權謀者, 以正守國, 以奇用兵, 先計而後戰, 兼形勢, 包陰陽, 用技巧者也'이라 하였다. 다시 《楚兵法》·《蚩尤》·《孫軫》·《繇敍》·《王孫》·《尉繚》·《魏公子》·《景子》·《李良》·《丁子》·《項王》 등 11가를 들고 '右兵形勢十一家, 九十二篇, 圖十八卷. 形勢子, 雷動風擧, 後發而先至, 離合背鄕, 變化無常, 以輕疾制敵者也'라 하였다.

다음으로 《太一兵法》·《天一兵法》·《神農兵法》·《黃帝》·《封胡》·《風后》·《力牧》·《鵊冶子》·《鬼谷區》·《地典》·《孟子》·《東父》·《師曠》·《萇弘》·《別成子望軍氣》·《辟兵威勝方》 등 16가를 싣고 "右陰陽十六家, 二百四十九篇, 圖十卷. 陰陽子, 順時而發, 推刑德, 隨斗擊, 因五勝, 假鬼神而爲助者也"라 하였다.

그리고 《鮑子兵法》·《五(伍)子胥》·《公勝子》·《苗子》·《逢門射法》·《陰通成射法》·《李將軍射法》·《魏氏射法》·《彊弩將軍王圍射法》·《護軍射師王賀書》·《蒲苴子弋法》·《劍道》·《手搏》·《雜家兵法》·《蹴鞠》 등 13가를 싣고 '右兵技巧十三家, 百九十九篇. 技巧子, 習手足, 便器械, 積機關, 以立攻守之勝者也'라 하였다.

이를 총괄하여 53가 790편 圖 43권임을 밝히고 이렇게 결론을 내리고 있다.

'兵家者, 蓋出古司馬之職, 王官之武備也. 洪範八政, 八曰師. 孔子曰爲國者
「足食足兵」,「以不敎民戰, 是謂棄之」, 明兵之重也. 易曰「古者弦木爲弧, 剡木爲矢,
弧矢之利, 以威天下」, 其用上矣. 後世耀金爲刃, 割革爲甲, 器械甚備. 下及湯武受命,
以師克亂而濟百姓, 動之以仁義, 行之以禮讓, 司馬法是其遺事也. 自春秋至於戰國,
奇出設伏, 變詐之兵並作. 漢興, 張良·韓信序次兵法, 凡百八十二家, 刪取要用,
定著三十五家. 諸呂用事而盜取之. 武帝時, 軍政楊僕捃摭遺逸, 紀奏兵錄, 猶未能備,
至于孝成, 命任宏論次兵書爲四種.'

다음으로 청대 완성된 〈四庫全書〉에는 子部 儒家類 다음에 바로 兵家類를
순서로 하여 《握奇經》·《六韜》·《孫子》·《吳子》·《司馬法》·《尉繚子》·《黃石公
三略》·《三略直解》·《黃石公素書》·《李衛公問對》·《太白陰經》·《武經總要前集·
後集》·《虎鈐經》·《何博士備論》·《守城錄》·《武編前集·後集》·《陣紀》·《江南
經略》·《練兵實紀·雜集》·《紀效新書》 등을 싣고 있다.

이처럼 중국 고대에는 병법서를 상당히 중시하였으며, 국방과 전략의 수립을
위해 언필칭 병서를 인용하고 활용하였다.

한편 역대 병서에 대한 발전 상황을 보자.

宋나라 仁宗(1023~1063 재위)은 거란(療)에게 시달리면서 군사학, 용병학에
대하여 매우 관심이 깊었다. 이에 武學을 설립하고 과거에 武科를 신설하였다.
뒤에 神宗(1068~1085 재위)은 정식으로 "武擧試法"을 제정하고 무과에 응시하는
자는 세 가지 병서를 기본 과목으로 하였으며 元豐 3년(1080)에는 당시 최고학부였던
國子監에 조서를 내려 그들로 하여금 7종의 병서에 대하여 교정을 하도록
명하였다. 3년 후 이 책의 교정을 끝냈으니 이것이 바로 천하에 널리 알려진
'武經七書'이다. 즉 《孫子》·《吳子》·《司馬法》·《尉繚子》·《六韜》·《三略》·

《李衛公問對》의 일곱 권의 책이다. 이는 뒤에 역대 통치자로 하여금 무학을 세워 과거를 실시하며 국방과 전략, 전술을 중시하는 정책을 펴도록 하였고, 나아가 이를 바탕으로 이들 병법서에 대한 많은 주석과 교정, 연구의 작업들이 쏟아지게 하는 계기가 되었다.

2. 《사마법》

이 책은《司馬穰苴兵法》이라고도 하며 동양에 널리 알려진 고대 兵法書로 소위 '무경칠서武經七書' 중의 하나이다. 춘추 말기 齊나라 司馬穰苴가 저술한 것으로 되어 있으나, 전국시대 중기에 이루어진 것으로 보고 있다. 한대에 이르러서는 거의 잊혀져《漢書》藝文志의 병가류兵家類에는 목록이 보이지 않고 도리어 예류禮類에 '《軍禮司馬法》, 一百五十五篇'으로 실려 있다. 그리고 예문지藝文志 병가류에는 '下及湯武受命, 以師克亂而濟百姓, 動之以仁義, 行之以 禮讓, 司馬法是其遺事也.'(그 뒤로 탕임금과 무왕이 천명을 받아 무력으로 난을 극복하고 백성을 구제하였으며, 그 병력을 움직이면서 인의를 내세웠고 시행하면서 예양으로써 하였으니 사마법은 바로 이들이 남긴 일을 하는 것이다)하였으나 여기서의 '사마법'이란 책이름이 아니라《周禮》大司馬(군사를 통솔하고 국방을 담당함)에 기록된 직책과 의무를 뜻하는 것이다.

따라서 한대 이후에는 많은 문장이 거의 인멸되어, 지금 전하는 것은〈仁本〉· 〈天子之義〉·〈定爵〉·〈嚴位〉·〈用衆〉 등 5편에 3,300여 자 정도일 뿐이다.

게다가 문장도 추상적이며 너무 간결하고 소략疏略하여 어느 경우에는 함의含意를 정확히 알 수 없을 정도이다.

　　사마양저司馬穰苴는 전양저田穰苴라고도 하며, 춘추 말기 제齊나라 경공(景公: B.C.547~490 재위) 때의 사람으로 유명한 안자(晏子, 晏嬰)가 재상으로서 내치에 힘쓰고, 양저는 국방에 힘썼던 인물로 알려져 있다. 그리고 《史記》에도 그의 전이 실려 있다. 그러나 《사기》의 기록과 기타 기록을 비교하면 해결되지 않는 의문점이 너무 많다. 즉 《사기》에는 그가 B.C.289년(전국시대 齊나라 湣王에 3년)에 제·위·한 세 나라 군사를 이끌고 진秦나라를 공격하여 3년의 전투 끝에 함곡관函谷關을 점령하고 진나라의 강화講和를 이끌어 내었다고 하였으며, 다시 그 삼국의 연합군을 이끌고 연燕나라를 공격하여 '삼군을 멸하고 두 장수를 잡고'(覆三軍, 獲二將) 십만 적군을 섬멸하였다고 하였다. 그러나 뒤에 참화를 입어 관직에서 물러나 병법이론을 연구하여 저술을 남겼다고 하였다. 그리고 편수도 많고 내용도 풍부했던 것으로 알려져 있었다. 이에 사마천司馬遷은 '閎廓深遠, 雖三代征伐, 未能竟其義, 如其文也'라 하였다.

　　그렇다면 《안자춘추晏子春秋》와 《설원說苑》 등에 실려 있는 사마양저의 고사는 이 사람과 다른 사람이 되며 시기적으로도 엄청난 차이가 난다. 그리고 그의 성씨가 전씨田氏라면 이 전씨는 전씨제田氏齊의 귀족으로 전국戰國 시대에는 거의 이 성씨가 정권과 병권을 잡았으므로 전국시대 인물로 봄이 마땅하다. 따라서 사마양저는 지금도 생졸 연대나 그 인물에 대해서는 이론이 분분한 상태이다.

좌우간 이 책은 하夏·은殷·주周 삼대의 군사제도와 전쟁 경험을 총괄하여 고대의 전쟁 준비, 전투 지휘, 전장 상황, 각종 병기와 군사상 행정 업무, 천시 天時와 지리地利, 그리고 인화人和의 중요성, 간첩의 활용, 병사의 심리 파악 등에 대한 초보적인 내용을 다루고 있다.

차 례

- 책머리에
- 일러두기
- 해제

1. 인본仁本

2. 천자지의天子之義

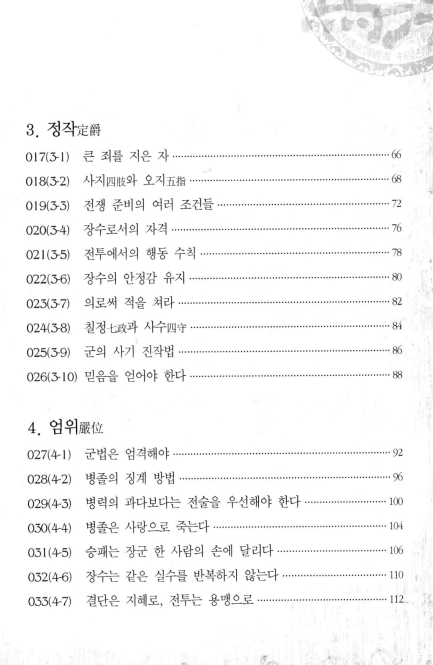

3. 정작定爵

4. 엄위嚴位

5. 용중用衆

☘ 부록: 역대 《司馬法》司馬穰苴 관련 기록들

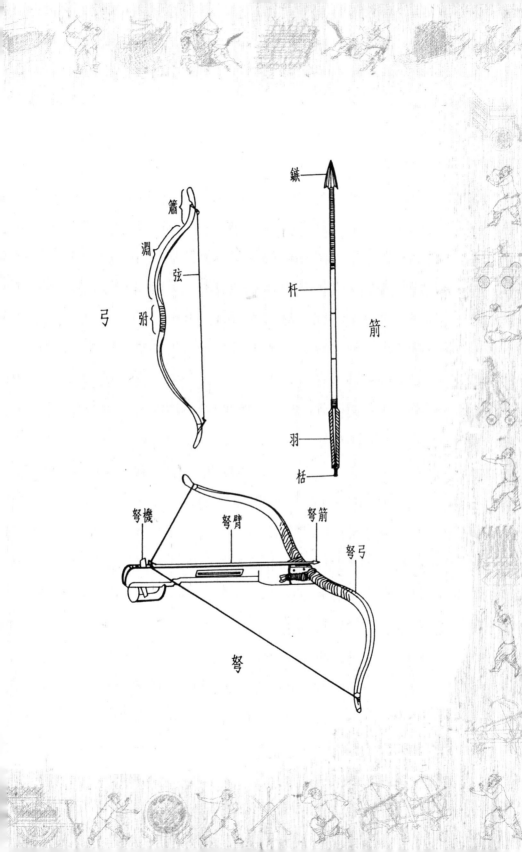

簫
淵
弦
弣

弓

鏃
杆
箭
羽
栝

弩機　弩臂　弩箭　弩弓

弩

四部叢刊子部

司馬法三卷

上海涵芬樓借古里
瞿氏鐵琴銅劍樓藏
影宋鈔本印行元書
板心高營造尺六寸
六分寬四寸八分

司馬法卷上

仁本第一

古者以仁爲本以義治之之謂正正不獲意則權權
出於戰不出於中人是故殺人安人殺之可也攻其
國愛其民攻之可也以戰止戰雖戰可也故殺人見親
義見說智見恃勇見身信見內得愛焉所以守
也外得威焉所以戰也戰道不違時不歷民病所
以愛吾民也不加喪不因凶所以愛夫其民也冬夏
不興師所以兼愛民也故國雖大好戰必亡天下雖
安忘戰必危天下旣平天下大愷春蒐秋獮諸侯春

四部叢刊■

振旅秋治兵所以不忘戰也古者逐奔不過百步縱
綏不過三舍是以明其禮也不窮不能而哀憐傷病
是以明其義也成列而鼓是以明其信也爭義不爭利
是以明其義也又能舍服是以明其勇也知終知始是
以明其智也六德以時合教以爲民紀之道也自古之
政也先王之治順天之道設地之宜官民之德而正名
治物立國辨職以爵分祿諸侯說懷海外來服獄
弭而兵寢聖德之治也其次賢王制禮樂法度乃
作五刑興甲兵以討不義巡狩者方會諸侯考不同
其有失命亂常背德逆天之時而危有功之君徧告

司馬法

一

司馬法

仁本第一

古者以仁為本以義治之之謂正正不獲意則權權出
於戰不出於中人是故殺人安人殺之可也攻其國愛
其民攻之可也以戰止戰雖戰可也故仁見親義見說
智見恃勇見方信見信內得愛焉所以守也外得威焉
所以戰也戰道不違時不歷民病所以愛吾民也不加
喪不因凶所以愛夫其民也冬夏不興師所以兼愛其
民也故國雖大好戰必亡天下雖安忘戰必危天下既
平天子大愷春蒐秋獮諸侯春振旅秋治兵所以不忘
戰也古者逐奔不過百步縱綏不過三舍是以明其禮
也不窮不能而哀憐傷病是以明其仁也成列而鼓是
以明其信也爭義不爭利是以明其義也又能舍服是
以明其勇也知終知始是以明其智也六德以時合教
以為民紀之道也自古之政也先王之治順天之道設

地之宜官民之德而正名治物立國辨職以爵分祿諸
侯說懷海外來服獄弭而兵寢聖德之至也其次賢王
制禮樂法度乃作五刑興甲兵以討不義巡狩省方會
諸侯考不同其有失命亂常悖德逆天之時而危有功
之君徧告於諸侯彰明有罪乃告於皇天上帝日月星
辰禱於后土四海神祇山川冢社乃造於先王然後冢
宰徵師於諸侯曰某國為不道征之以某年月日師至
於某國會天子正刑冢宰與百官布令於軍曰入罪人
之地無暴神祇無行田獵無毀土功無燔牆屋無伐林
木無取六畜禾黍器械見其老幼奉歸無傷雖遇壯者
不校勿敵敵若傷之醫藥歸之既誅有罪王及諸侯修
正其國舉賢立明正復厥職王霸之所以治諸侯者六
以土地形諸侯以政令平諸侯以禮信親諸侯以材力說
諸侯以謀人維諸侯以兵革服諸侯同患同利以合諸
侯比小事大以和諸侯會之以發禁者九馮弱犯寡則
眚之賊賢害民則伐之暴內陵外則壇之野荒民散則

《司馬法》四庫全書(文淵閣) 子部(2) 兵家類. 周, 司馬穰苴(撰)

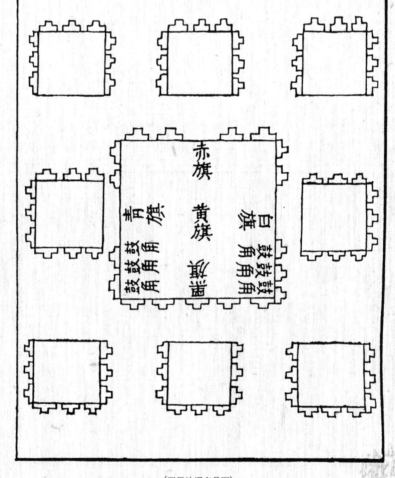

〈司馬法握奇營圖〉

元戎十乘以先啓行元大迊戎

車先軍之前鋒也元戎甲士三人

同載左持弓右持矛中御戈殳戟

弓挿於軾幟畫鳥隼之章

圖戎元周

鳥章

幟

戉

駟介

〈周元戎圖〉동주 때의 戰車(兵車) 《三才圖會》

사마법

1. 인본仁本

'인본仁本'이란 인을 근본으로 하라는 뜻이다. 나라를 다스리고
군대를 다스림에는 인이 근본이 되어야 한다는 것이다. 전쟁이란
정의를 지키고 폭력을 근절하며 백성을 안정시키기 위한 것일 뿐,
그에 앞서 인정을 수행하고 그것이 불가할 때 형벌을 쓰며 어쩔
수 없이 최후의 수단으로 전쟁을 치러야 할 경우라도 육덕六德과
오형五刑을 배합하여야 함을 설명하고 있다.

001(1-1)
인을 근본으로 하되

옛날에는 인仁을 근본으로 하고 의義로써 다스리는 것을 정법正法이라 일렀다. 정법이 그 뜻대로 되지 않으면 할 수 없이 권변權變을 썼다. 그 권변은 전쟁에서 나오며 중용中庸이나 인애仁愛에서 나오지는 않는다.

그러므로 악한 사람을 죽여 일반 백성을 편안히 할 수 있다면 사람을 죽이는 것도 있을 수 있으며, 그 백성을 사랑하기 때문에 그 나라를 공격한다면 공격하는 것도 옳다. 그리고 전쟁으로써 전쟁을 저지한다면 비록 전쟁을 해도 된다.

그러므로 군주가 어짊으로써 친함을 보여 주고, 의로써 기쁨을 드러내며, 지혜로써 미더움 사고, 용기로써 바른 방향으로 가고, 신의로써 믿음을 사야 한다. 이렇게 하여 안으로 백성의 사랑을 얻으니 이것이 지켜내는 방법이며, 밖으로 위엄을 보이나니 이것이 전쟁을 수행하는 방법이다.

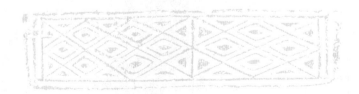

古者, 以仁爲本, 以義治之之謂正. 正不獲意則權. 權出於戰, 不出
於中人.

是故殺人安人, 殺之可也; 攻其國愛其民, 攻之可也; 以戰止戰,
雖戰可也.

故仁見親, 義見說, 智得恃, 勇見方, 信見信. 內得愛焉, 所以守也;
外得威焉, 所以戰也.

【正】 정상적인 방법. 常法. 正法.
【權】 權變, 權衡, 變通의 처리 방법.
【中人】 中庸仁愛. '人'은 '仁'과 통함.
【說】 '悅'과 같음.
【所以】 그렇게 해 낼 수 있는 방법. 이를 근거로 일을 수행함을 뜻함.

002(1-2)
전쟁을 좋아하면 나라가 망한다

　전쟁의 원칙은 농사철을 어기지 않으며, 백성에게 역질이 돌 때 징병하지 않았으니, 이는 자신의 백성을 사랑하기 때문이었다.

　그리고 적이 상을 입었을 때 공격하지 아니하며, 흉년이 들었을 때 이를 이용하지 않았으니, 이는 적일지라도 그 백성을 사랑하기 때문이었다.

　겨울과 여름에는 군대를 일으키지 않았으니 이는 자신과 적국의 백성을 모두 사랑하기 때문이었다.

　그러므로 나라가 비록 강대하다 해도 전쟁을 좋아하면 반드시 망하는 법이요, 천하가 비록 안녕을 누리고 있다고 해도 전쟁을 잊으면 반드시 위험에 처하게 되는 법이다.

　천하가 이미 평정되어 천하가 모두 개선가를 부른다 해도 해마다 봄에 사냥을 하고 가을 사냥을 하면서 함께 열병과 훈련을 하였으며, 제후는 제후대로 봄에는 군대를 정돈하고 가을이면 군대를 다스렸으니, 이는 전쟁을 잊고 살지 않았기 때문이었다.

戰道; 不違時, 不歷民病, 所以愛吾民也.

不加喪, 不因凶, 所以愛夫其民也.

冬夏不興師, 所以兼愛民也.

故國雖大, 好戰必亡; 天下雖安, 忘戰必危.

天下旣平, 天下大愷, 春蒐秋獮; 諸侯春振旅, 秋治兵, 所以不忘戰也.

【不歷民病】 역병이 돌 때는 전쟁을 일으키지 않음. '歷'은 選擇의 뜻. 젊은이를
뽑아 징병함.

【凶】 흉년.

【大愷】 周나라 때 군대가 원정에서 크게 승리하고 개선할 때 연주하는 음악.

【春蒐秋獮】 수(蒐)는 천자가 봄에 하는 사냥이며, 선(獮)은 가을에 하는 사냥을
가리킴. 주나라 때는 춘추 사냥 때 흔히 열병을 하고 군대의 훈련을 하였음.

【振旅】 군대를 振發시킴. 훈련함을 말함. '旅'는 군대 편제.《周禮》夏官 司馬에
"凡制軍, 萬二千五百人爲軍. 王六軍, 大國三軍, 次國二軍, 小國一軍. 軍將皆命卿.
二千有五百人爲師, 師帥皆中大夫. 五百人爲旅, 旅帥皆下大夫. 百人爲卒, 卒長皆
上士. 二十五人爲兩, 兩司馬皆中士. 五人爲伍, 伍皆有長"이라 함.

【治兵】 일년 동안 실시하였던 군사 훈련을 점검함.

003(1-3)
전쟁에서의 여섯 가지 덕목

옛날에는 도망가는 적군을 추격해도 백 보 이상 쫓지 않았고, 퇴각하는 적군을 쫓아갈 때도 30리 이상 가지 않았으니, 이로써 그 예禮를 밝혔던 것이다.

전투 능력을 잃은 적군을 궁지로 몰지 않았으며, 상처 입고 병든 적병은 불쌍히 여겨 주었으니, 이로써 그 인仁을 밝혔던 것이다.

적군이 진열을 가다듬은 다음에야 북을 울리며 진격하였으니, 이로써 그 신信을 밝혔던 것이다.

의義를 두고 다투었지 이利를 두고 다투지 않았으니, 이로써 그 의義를 밝혔던 것이다.

게다가 다시 능히 항복해 온 적군을 사면해 주었으니, 이로써 그 용勇을 밝혔던 것이다.

끝낼 때 끝낼 줄 알고 시작할 때 시작할 줄 알았으니, 이로써 그 지知를 밝혔던 것이다.

이상의 여섯 가지 덕德을 때에 맞추어 백성에게 가르쳐 백성이 기강으로 삼아야 할 도로 여겼음은 옛날부터 내려오는 정령政令이었다.

古者: 逐奔不過百步, 縱綏不過三舍, 是以明其禮也;

不窮不能而哀憐傷病, 是以明其仁也;

成列而鼓, 是以明其信也;

爭義不爭利, 是以明其義也;

又能舍服, 是以明其勇也;

知終知始, 是以明其知也.

六德以時合教, 以爲民紀之道也. 自古之政也.

【奔】도망함. 여기서는 적군이 궤멸됨을 뜻함.

【縱綏】縱은 진격, 綏는 퇴각을 뜻함.

【舍】군대의 하루 행군 거리, 대략 30리 정도라 함.

【舍服】투항해 온 적을 사면해 줌.

【民紀之道】백성이 기강으로 삼아야 할 도.

004(1-4)
전쟁의 명분

　선왕先王이 천하를 다스림에 하늘의 도에 순응하고, 땅의 마땅함에 따라 관리를 세워 백성을 다스려 바른 명분으로 만물을 다스렸으며, 나라를 세워 각기 그에 맞는 직분을 구별하고 작위를 주어 봉록을 나누었다.

　이에 제후들이 즐거워 품을 찾아왔고 해외에서도 찾아와 복종하였으며, 감옥은 텅 비었고 전쟁도 사라졌으니, 이것이 바로 성덕聖德의 다스림이다.

　그 다음 등급으로 현왕賢王이 나타나 예악禮樂과 법도法度를 만들었으며, 오형五刑을 지어 무기와 병력을 일으켜 옳지 못한 자를 토벌하였다. 5년에 한 번씩 천하를 순수하고 지방을 시찰하여, 제후를 모으고 그 성과의 다름을 고과考課하였다. 그리하여 명령을 어기고 상법을 어지럽히거나 덕을 배신하고 하늘을 거역하는 자가 있어, 천자에게 공이 있는 제후국 군주를 위험하게 하는 자가 있으면, 두루 제후들에게 고하여 그 죄가 있음을 널리 드러내 밝힌다. 그리고 이를 황천皇天의 상제上帝와 일월성신日月星辰에게 고하고, 후토后土와 사해四海 신지神祇, 산천山川, 총사塚社에게 기도하여 선왕先王의 사당에 가서 이를 알린다. 그러한 연후에 총재冢宰가 제후들에게 군사를 징발할 것을 알리며 이렇게 말한다.

"어떤 나라가 불의하니 정벌해야 한다. 모년 모월에 군사를 모국으로 보내라. 천자가 이를 모아 바르게 고쳐 형벌을 내리리라."

　그리고 총재는 백관의 관리와 함께 군대에게 명령을 이렇게 내린다.

　"죄를 지은 그 나라에 들어가거든 신지神祇에게 포악하게 굴지 말 것이며, 마구 사냥을 하는 일이 없도록 할 것이며, 그 나라 시설들을 파괴하는 일이 없어야 하며, 그 나라 백성의 담장이나 집에 불을 지르는 일이 없도록 할 것이며, 숲의 나무를 마구 베지 말 것이며, 그곳의 가축이나 곡식, 기물을 마구 취하는 일이 없도록 하라. 늙은이 어린 아이를 보거든 이들을 잘 받들어 집으로 돌려보내며 상해를 입히는 일이 없도록 하라. 비록 장년의 젊은이를 만났다 하더라고 그들이 저항하지 아니하는 한 적으로 여기자 말라. 적군이 만약 상처를 입거든 약으로 치료해 주어 집으로 보내 주어야 한다."

　죄지은 자를 이미 주벌하고 난 뒤에는 왕은 제후에게 그 나라를 다시 잘 다듬어 바로잡도록 하고, 어진 이를 천거하고 현명한 이를 왕으로 세워 다시 정식으로 그 직무를 수행하게 하였던 것이다.

先王之治, 順天之道, 設地之宜, 官民之德, 而正名治物, 立國辨職, 以爵分祿. 諸侯說懷, 海外來服, 獄弭而兵寢, 聖德之治也.

其次, 賢王制禮樂法度, 乃作五刑, 興甲兵以討不義. 巡狩省方, 會諸侯, 考不同. 其有失命亂常·背德逆天之時, 而危有功之君, 徧告于諸侯, 彰明有罪; 乃告于皇天上帝·日月星辰, 禱于后土·四海神祇·山川塚社, 乃造于先王. 然後冢宰徵師于諸侯曰:「某國爲不道, 征之. 以某年月日, 師至于某國, 會天子正刑.」

冢宰與百官布令於軍曰:「入罪人之地, 無暴神祇, 無行田獵, 無毀土功, 無燔牆屋, 無伐林木, 無取六畜·禾黍·器械. 見其老幼, 奉歸勿傷. 雖遇壯者, 不校勿敵. 敵若傷之, 醫藥歸之.」

旣誅有罪, 王乃諸侯修正其國, 擧賢立明, 正復厥職.

【先王】고대 이상적인 성왕. 완전무결한 이상형을 세워 늘 상투적으로 말하는 중국의 상고 성인.
【設】합당함.
【物】민중. 일반 백성.
【立國】천자가 분봉하여 제후 나라를 세워 줌.
【辨職】公侯伯子男의 작위를 구분함.
【弭】막음. 중지시킴.
【寢】정지, 머물러 휴식을 취함. '兵寢'은 전쟁이 사라지고 없음을 뜻함.

【五刑】 고대의 肉刑 중의 극형으로 墨刑(이마에 먹으로 표시함), 劓刑(코를 베는 형벌), 剕刑(다리를 자르는 형벌), 宮刑(남자를 거세하는 형벌), 大辟(목을 베는 형벌)이었다 함.《孝經》五刑章에 "子曰:「五刑之屬三千, 而罪莫大於不孝. 要君者無上, 非聖人者無法, 非孝者無親, 此大亂之道也.」"라 함.

【巡狩】 고대 천자가 5년마다 한 번씩 제후 나라를 순회하는 의식.《孟子》梁惠王(下)에 "天子適諸侯曰巡狩, 巡狩者, 巡所守也; 諸侯朝於天子曰述職, 述職者, 述所職也. 無非事者. 春省耕而補不足, 秋省斂而助不給"이라 하였고, 告子(下)에는 "天子適諸侯曰巡狩, 諸侯朝於天子曰述職. 春省耕而補不足, 秋省斂而助不給. 入其疆, 土地辟, 田野治, 養老尊賢, 俊傑在位, 則有慶, 慶以地. 入其疆, 土地荒蕪, 遺老失賢, 掊克在位, 則有讓. 一不朝, 則貶其爵; 再不朝, 則削其地; 三不朝, 則六師移之. 是故天子討而不伐, 諸侯伐而不討. 五霸者, 摟諸侯以伐諸侯者也"라 함.

【省方】 각 지방을 살펴봄.

【后土】 土地神. 땅의 신. 皇天后土라 하여 흔히 하늘 신과 대비하여 표현함.

【神祇】 세상의 모든 神.

【塚社】 '塚'은 조상의 무덤을 지키는 신. '社'는 역시 토지신으로 흔히 社稷을 대신하는 말로 쓰임.

【造于先王】 조상의 사당에 이르러 선왕께 고함.

【冢宰】 太宰와 같으며 주나라 관제 중에 백관을 총괄하는 首長.

【土功】 治水와 건설·토목·건축 등의 工程.

【六畜】 소·말·양·개·돼지·닭 등 집에서 기르는 가축.

【校】 저항함. 맞섬. 대항하고 반항함.

【修正】 정돈.

【正復厥職】 정복당한 나라의 관리들에게 본래 자신의 직책으로 돌아가 봉직하여 朝貢의 의무를 다할 수 있도록 해 줌.

005(1-5)
왕자와 패자

왕자王者와 패자覇者가 제후를 다스릴 수 있었던 것은 여섯 가지였다. 토지로써 제후를 구분하여 그 형세를 맞게 해 주고, 정령으로써 제후를 공평하게 하며, 예의와 신의로써 제후를 친하게 하며, 재력으로써 제후를 즐겁게 하고, 모책을 쓸 수 있는 똑똑한 이를 사신으로 왕래토록 하여 제후와의 관계를 유지하며, 군사행동으로 제후를 굴복시키는 것이다.

환난을 함께 하며 이익을 함께 하여 제후를 화합시키되 소국은 이웃으로 여기고, 대국은 섬김으로써 제후 사이의 화합을 이어가는 것이다.

王·伯之所以治諸侯者六: 以土地形諸侯; 以政令平諸侯; 以禮信親諸侯; 以材力說諸侯, 以謀人維諸侯: 以兵革服諸侯. 同患同利以合諸侯, 比小事大以和諸侯.

【王伯】〈三民本〉에는 '王霸'로 되어 있음. '伯'은 '霸'와 같음. '王'은 왕도정치를 행하는 군주. '伯'(霸)은 패도정치로 우두머리가 된 군주라는 뜻.
【形】비교함. 대조함.
【材力】재물, 공물과 부역 등에 노력으로 서로 유대관계를 갖추게 함.
【謀人】외교관을 가리킴.
【維】관계를 유지함. 끈으로 삼음.
【比小事大】작은 나라는 이웃으로 여겨 보살펴 주며 큰 나라는 이를 섬겨 친하게 지냄.

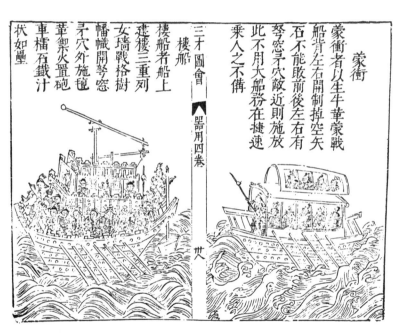

《三才圖會》에 실려 있는 고대 각종 전투 장비

006(1-6)
회맹 때 금지해야 할 아홉 가지

회맹을 할 때 금지해야 할 것이 아홉 가지이다.

상대가 약하다고 괴롭히거나 수가 적은 자를 침범한다면, 그러한 제후는 나라를 깎아 줄인다.

어진 이를 적대하고 백성을 괴롭히는 경우라면, 이런 제후는 토벌한다.

나라 안에서는 포악한 짓을 하고 밖으로는 남을 능멸하는 경우라면, 이는 깨끗이 제거해 버린다.

농토를 황무지로 버려 두어 백성이 뿔뿔이 흩어지게 한다면, 이는 그 국토를 삭탈한다.

자신의 강한 지형을 믿고 복종하지 않는다면, 이런 제후는 침벌한다.

그 어버이를 괴롭히거나 죽이는 자가 있는 나라라면, 이는 정벌하여 바로잡는다.

그 임금을 내쫓거나 시해하는 자가 있는 나라라면, 이는 잔폐시켜 버린다.

법령을 범하고 정치를 능멸하는 자가 있다면, 그런 나라는 막아 버린다.

안팎으로 혼란하며 나라에 온갖 짐승이 뛰어 놀도록 방치하는 나라라면, 이런 제후국은 없애 버린다.

會之以發禁者九: 憑弱犯寡則眚之, 賊賢害民則伐之, 暴內陵外則
壇之, 野荒民散則削之, 負固不服則侵之, 賊殺其親則正之, 放弒
其君則殘之, 犯令陵政則杜之, 外內亂禽·獸行則滅之.

【會】회맹. 천자가 제후를 모아 서로 약속하는 것과, 제후 중에 패자가 나서서
  회맹하는 것 등을 말함.
【發禁】금해야 할 법령을 발포함.
【憑弱】자신의 강함을 믿고 약한 자를 괴롭히거나 능멸함.
【犯寡】자신의 무리가 많다고 하여 수가 적은 이를 괴롭힘.
【眚】쇠약함. 덜고 깎아 그 영토나 작위를 줄여 버림. 강등시킴. '眚'은 '省'과
  같음.
【壇】청소함을 뜻함.
【弒】아랫사람이 윗사람을 죽임.
【杜】막음. 杜塞. 堵와 같음.

사
마
법

2. 천자지의天子之義

'천자지의天子之義'란 고대 봉건제도에서 종주국 천자가 제후국을 통솔하는 방법을 설명한 것이다. 특히 국가 간의 분쟁이나 도덕 인의를 실행하지 못하는 나라에 대하여 처벌 규정과 정벌 대상을 아홉 가지 조목을 들어 제시하고 있다. 즉 강하다고 해서 약한 나라를 괴롭히지 말 것, 백성을 학대하지 말 것, 이웃 나라와 평화를 유지할 것, 농토를 개간하여 백성의 삶을 풍족하게 할 것, 지형의 유리함을 믿고 천자에게 반항하는 경우가 없도록 할 것, 골육을 봉양하고 도덕을 지킬 것, 왕권을 넘보지 말 것, 금지한 법령을 잘 준수할 것, 국토를 개간할 것 등이다. 이를 수행하지 못할 경우 그 정도에 따라 봉지의 삭탈과 정벌을 실시한다는 내용이 들어 있으며, 하夏·은殷·주周 삼대의 특징을 예로 거론하고 있다.

007(2-1)
백성을 먼저 가르쳐라

천자로서 의롭게 여겨야 할 일이란 반드시 순수하게 천지의 이치를 법으로 취하고, 선성先聖을 살펴보아 이를 본받는 것이리라.

그리고 모든 백성은 반드시 각기 자신의 부모를 잘 봉양하고, 임금과 윗사람에게 바르게 따르는 일일 것이다.

그러므로 비록 현명한 군주라 할지라도 먼저 백성을 가르치는 일에 나서지 않고는 그들을 쓸 수가 없는 것이다.

옛날 백성을 가르침이란, 반드시 귀천의 윤경倫經을 세워 서로 능멸하는 일이 없도록 하였으며, 덕의德義가 서로 남의 자리를 넘어서는 일이 없도록 하였으며, 재물과 기능이 서로를 가려 버리는 일이 없도록 하였으며, 용맹과 힘이 서로를 범하는 일이 없도록 한 것이다.

그러므로 같은 마음으로 협력하였으며, 뜻이 서로 화합하였던 것이다.

天子之義, 必純取法天地, 而觀于先聖.

士庶之義, 必奉于父母, 而正于君長.

故雖有明君, 土不先敎, 不可用也.

古之敎民: 必立貴賤之倫經, 使不相陵. 德義不相踰, 材技不相掩,
勇力不相犯. 故力同而意和也.

【先聖】선왕, 성왕과 같음. 이상형의 성인. 흔히 儒家에서는 堯·舜·禹·湯·文·
武·周公·孔子를 가리킴.

【士庶】土民. 고대 士는 四民(土農工商) 중의 하나로 여기에서는 모든 일반 백성을
가리킴.

【長】수령, 우두머리.

【倫經】천도와 인륜의 규범.

조정에서의 법을 군대에 적용하지 않는다

옛날에는 나라 안에서만 사용되는 예의와 법도를 군대에 사용하지 않았으며, 군대에서의 예절과 법도를 나라 안에서 사용하지 않았다. 그 때문에 덕의德義가 임금을 넘어서는 일이 없었던 것이다.

임금은 자신을 자랑하지 아니하는 선비를 귀하게 여겼으니, 자신을 내세우지 않는 선비는 임금이 나라의 그릇이기 때문이었다.

진실로 자랑하지 않는다면 요구하는 것이 없고, 요구하는 것이 없으면 다투지 않는다. 그러한 자는 나라 안에서의 정사를 듣는 일이라면 반드시 그 정황을 잘 터득하고, 군대 내에서라면 그 행정을 듣고 처리함이 틀림없이 그 사실에 마땅하게 할 것이다. 그러므로 재능과 기술이 뛰어나다 해도 서로 그 장점을 덮어 묻어 두는 경우가 없게 되는 것이다.

명령에 복종하는 선비는 최상의 상을 받고, 명령을 범하는 자는 최고의 벌을 내린다. 그 때문에 용맹과 힘이 있다 해도 남을 침범하지 않게 되는 것이다.

이미 그 백성을 가르치는 일을 이룬 연후에야 조심하여 이들을 가려 뽑아 부릴 수 있는 것이다.

이러한 일들이 모두 지극하게 잘 정리되었다면 관원들의 급양給養은 모두가 족하게 된 것이며, 가르침이 지극히 간단히 줄여졌다면 백성이 쉽게 생산하고 훌륭하게 될 것이며, 연습과 관행이 모두 잘 이루어졌다면 백성은 그 습속을 실천하게 될 것이니 이것이 교화敎化의 지극함이다.

古者, 國容不入軍, 軍容不入國. 故德義不上踰. 上貴不伐之士, 不伐之士, 上之器也. 苟不伐則無求, 無求則不爭. 國中之聽, 必得其情; 軍旅之聽, 必得其宜, 故材技不相掩. 從命爲士上賞, 犯命爲士上戮, 故勇力不相犯.

旣致敎其民, 然後謹選而使之. 事極修則官給矣. 敎極省則民興良矣. 習慣成則民體俗矣. 敎化至之也.

【國容】 나라에서 제정한 예의와 법도.
【軍容】 군대에서의 질서와 법도 및 예의.
【伐】 '자랑하다'의 뜻.
【興良】 흥취와 같음.
【貫】 慣과 같음. 습관.
【體】 체득함. 실제로 실천함.

009(2-3)
달아나는 적은 쫓지 않는다

옛날에는 달아나는 적을 멀리까지 쫓지 않았으며, 퇴각하는 적군을 끝까지 따라잡지 않았다.

멀리까지 쫓지 않은 것은 그들의 유혹에 휘말리지 않기 위함이요, 끝까지 따라잡지 않은 것은 그들의 함정에 빠지지 않을 수 있기 때문이었다.

예로써 군을 다스림을 견고한 것으로 여기고, 인으로써 군을 대함을 승리로 삼아야 한다.

이미 승리를 거두고 난 뒤에도 그러한 교육은 다시 반복해야 하는 것이니, 이것이 군자로서 귀하게 여기는 바이다.

古者, 逐奔不遠, 縱綏不及. 不遠則難誘, 不及則難陷. 以禮爲固, 以仁爲勝. 旣勝之後, 其敎可復, 是以君子貴之也.

【逐奔】003에 "逐奔不過百步, 縱綏不過三舍, 是以明其禮也"라 하여 같은 뜻임.
【縱綏】縱은 진격, 綏는 퇴각을 뜻함.
【難誘】상대의 유혹에 휘말릴 염려가 없도록 함을 뜻함. 난은 용이하지 않음. 즉 상대가 아군을 유인하기 쉽지 않도록 미리 중지함을 말함. 뒤의 '難陷'도 같은 뜻임.

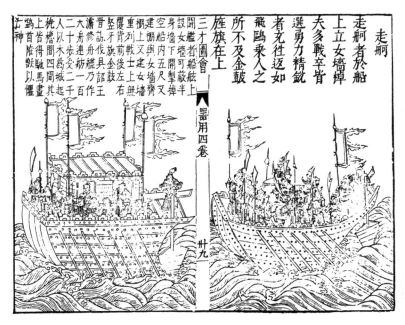

《三才圖會》에 실려 있는 고대 각종 전투 장비

010(2-4)
삼대의 차이와 같은 점

유우씨(有虞氏, 舜)는 나라 안에서 먼저 백성을 경계시켰으니, 이는 백성이 자신의 명령을 몸에 배도록 익히도록 함이었다.

하후씨(夏后氏, 禹)는 군영에서 맹세를 하였으니, 이는 백성으로 하여금 그 염려되는 일을 잘 이루도록 하기 위함이었다.

은(殷, 湯)나라는 군 막사 밖에서 서약을 하였으니, 이는 백성으로 하여금 먼저 그 뜻을 알아 행동에 대기하도록 하기 위함이었다.

주(周, 武王)나라는 전투가 벌어지고 있는 그 와중에 맹세를 하였으니, 이는 그 백성의 사기를 격려하기 위함이었다.

하후씨(禹)는 그 덕을 바르게 하여 군대를 사용하지 않았다. 그러므로 여러 가지 병기를 아직 배치하지 않았다.

은(殷, 湯)나라는 의義를 중시하였기에 비로소 용병의 칼날을 사용하기 시작하였고, 주(周, 文王, 武王)나라는 힘을 중시하였기에 용병의 칼날을 끝까지 사용해 본 것이다.

하夏나라는 조정에서 상을 내렸으니 이는 선한 일을 하는 것을 귀히 여긴 것이요, 은나라는 저잣거리에서 사형을 집행하였으니, 이는 옳지 못한 자에게 위엄을 보이기 위함이었다. 그런데 주나라는 조정에서 상도 내리고 저잣거리에서 사형집행도 하였으니, 이는 군자에게 선을 권하며 소인에게는 두려움을 주기 위한 것이었다.

이처럼 삼왕三王이 그 덕을 드러내어 표창함은 하나로 같았던 것이다.

有虞氏戒于國中, 欲民體其命也.

夏后氏誓于軍中, 欲民先成其慮也.

殷誓于軍門之外, 欲民先意以待事也.

周將交刃以誓之, 以致民志也.

夏后氏正其德也, 未用兵之刃. 故其兵不雜.

殷, 義也, 始用兵之刃矣; 周, 力也, 盡用兵之刃矣.

夏賞于朝, 貴善也. 殷戮于市, 威不善也.

周賞於朝, 戮于市. 勸君子, 懼小人也.

三王彰其德, 一也.

【有虞氏】고대 부락 이름. 蒲阪(지금의 山西 永濟縣)을 중심으로 발전하였으며, 舜임금이 그 영수였음. 흔히 虞舜이라 함.

【夏后氏】역시 고대의 부락으로 禹임금이 영수였으며, 그 아들 啓가 처음으로 夏朝를 세움. 啓가 즉위하고 나서 有虞氏가 복종하지 않자, 甘(지금의 陝西 戶縣)에서 전투를 벌여 멸망시킴.《史記》夏本紀 참조.

【雜】뒤섞어 배치함. 雜置함. '摻雜, 配合하여 사용하다'의 뜻.

【殷】고대 조대 이름. 商나라 제10대 군주 盤庚이 奄(山東 曲阜)에서 殷(河南 安陽)으로 도읍을 옮겨 商을 흔히 殷이라고도 부름. 夏나라 말왕 桀이 폭정을 일삼자, 湯이 鳴條(山西 運城縣)에서 싸워 멸망시킴(B.C.1766). 이 전투에 앞서 탕은 〈湯誓〉를 지었음.《史記》殷本紀 참조.

【周】조대 이름. 鎬(지금의 陝西 西安 근처)에 도읍하였으며, 周 武王이 商(殷)의 末王 紂를 목야(牧野, 지금의 河南 汲縣)에서 멸하고 천하를 차지함(B.C.1122). 이때 무왕은 〈牧誓〉를 지었음.《史記》周本紀 참조.

【彰】다른 판본에는 '章'으로 되어 있음.

【三王】夏(禹)·商(湯)·周(文王, 武王) 삼대의 임금. 흔히 성왕으로 높이 추앙함.

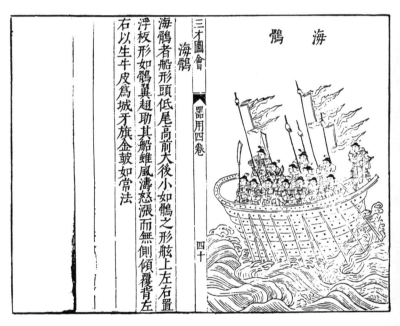

右以生牛皮爲城牙旗金皷如常法
浮杉形如鶻翼翅助其船雖風濤怒漲而無側傾覆背左
海鶻者船形頭低尾高前大後小如鶻之形舷上左右置
海鶻
三才圖會 ▲器用四卷 四十

海鶻

《三才圖會》에 실려 있는 고대 각종 전투 장비

011(2-5)
무기의 쓰임새

무기를 배치하지 아니하면 적을 제압하기에 불리하다. 길이가 긴 무기는 자신을 보위하고 짧은 무기로는 가까운 적을 막아내기 편리하다. 그러나 너무 길면 적을 치기에 불편하고 너무 짧으면 상대에게 닿지 않는다. 그리고 너무 가벼우면 예리하게 하기에 좋으나, 예리하면 쉽게 혼란이 생긴다. 너무 무거우면 행동이 둔하게 되고 둔하게 되면 전투를 치러낼 수가 없다.

兵不雜則不利. 長兵以衛, 短兵以守. 太長則難犯, 太短則不及. 太輕則銳, 銳則易亂. 太重則鈍, 鈍則不濟.

【雜】'摻雜, 配合하여 사용하다'의 뜻.
【犯】'적에게 대들다'의 뜻.
【亂】전투 행동이 조화를 이루지 못함. 너무 예리한 무기로는 큰 무기와 맞서 싸울 수가 없어 대열에 혼란이 생김.
【不濟】쓰임에 제대로 맞지 않음. 전투를 원만히 치러낼 수가 없음.

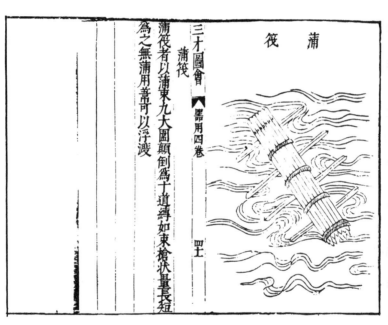

《三才圖會》에 실려 있는 고대 각종 전투 장비

전차와 깃발, 그리고 휘장

　싸움에 사용하는 수레는 하후씨夏后氏는 이를 구거鉤車라 하였는데
이는 정확함을 중시한 것이요, 은殷나라는 인거寅車라 하였는데 이는
빠르기를 중시한 것이며, 주周나라는 이를 원융元戎이라 하였는데 이는
그 양호함을 중시한 것이다.

　깃발은 하후씨는 검은색을 으뜸으로 여겼는데 사람의 세력을 상징한
것이요, 은나라는 흰색을 중시하였는데 이는 하늘의 의義를 상징한
것이며, 주나라는 노란색을 중시하였는데 이는 땅의 도道를 상징한
것이다.

　휘장은 하후씨는 해와 달의 무늬를 사용하였는데 이는 밝음을 숭상한
것이요, 은나라는 호랑이 문양을 사용하였는데 이는 위엄을 숭상한
것이며, 주나라는 용의 문양을 사용하였는데 이는 문文을 숭상한 것이다.

戎車: 夏后氏曰鈞車, 先正也. 殷曰寅車, 先疾也. 周曰元戎, 先失良也.
旂: 夏后氏玄首, 人之執也. 殷白, 天之義也. 周黃, 地之道也.
章: 夏后氏以日月, 尚明也. 殷以虎, 尚威也. 周以龍, 尚文也.

【戎車】 전투에 쓰이는 수레.

【旂】 군대의 부대별 깃발이나 지휘용 깃발.

【玄首】 夏나라는 검은색을 숭상하여 검은색의 희생을 제사에 올렸음. 그리고
깃발도 역시 검은색을 사용하였음.

【章】 군장. 군대 각 표지의 문양이나 장식. 휘장. 동물이나 자연물을 상징하여
사용함.

군대의 위엄은 적절히 사용하라

군대로서는 위엄만을 내세우기에 힘쓰면 사졸들이 위축되며, 그렇다고 위엄을 적게 하면 백성을 굴복시킬 수 없다.

임금이 그 백성을 그 마땅한 도리로 부리지 않으면 백성은 그 차례를 지킬 수 없고, 기능의 쓰임이 그 이익을 내기에 맞지 않으면 소나 말이라도 그 임무를 다 해 낼 수가 없어, 그 일을 맡은 유사有司가 이를 두고 화를 내는 지경에 이르면 이러한 상황을 두고 '위엄이 지나치게 많다'라 한다. 위엄이 지나치게 많으면 백성은 위축되고 만다.

임금이 덕 있는 자를 존경하지 아니하고 사특詐慝한 자를 임용한다거나, 도 있는 이를 존중하지 아니하고 용맹과 힘만 있는 자를 임용하며, 명령에 잘 따르는 자는 귀히 여기지 아니하고 도리어 명령을 범하는 자를 귀히 여긴다든지, 착한 행동을 하는 자를 귀히 여기지 아니하고 도리어 포악한 행동을 하는 자를 귀히 여기게 되어, 유사까지도 능멸할 정도라면 이를 두고 '위엄이 적다'라 한다. 위엄이 적으면 백성이 자신의 일을 감당해 낼 수가 없다.

따라서 군려軍旅는 느리고 편안함을 위주로 해야 한다. 편안하면 백성의 힘이 족하게 된다. 비록 전투에서 칼날이 서로 맞부딪치는 경우라도 보병은 급히 서둘지 않으며, 수레는 마구 내닫지 않으며, 도망가는 적을 쫓을 때에도 진열을 넘어서지 않아 이로써 혼란이 생기는 경우가 없게 된다.

　군려의 견고함은 그 행렬을 잃지 않도록 질서를 유지함에 있으며, 사람과 말의 힘을 끊어질 정도로 부리지 않음에 있으니 느리고 빠른 정도가 명령의 규정을 넘어서지 않도록 해야 한다.

師多務威則民詘, 少威則民不勝.

上使民不得其義, 百姓不得其敍, 技用不得其利, 牛馬不得其任, 有司陵之, 此謂多威. 多威則民詘.

上不尊德而任詐慝, 不尊道而任勇力, 不貴用命而貴犯命, 不貴善行而貴暴行, 陵之有司, 此謂小威, 小威則民不勝.

軍旅以舒爲主, 舒則民力足, 雖交兵致刃, 徒不趨, 車不馳, 逐奔不踰列, 是以不亂. 軍旅之固, 不失行列之政, 不絶人馬之力, 遲速不過誡命.

【詘】'屈'과 같음. 위축됨. 위엄 때문에 어쩔 수 없이 굴복함.
【民】병사·사졸·사병을 가리킴. 그러나 원래 백성도 당연히 비상시 군인 역할을 하므로 여기서는 軍民을 통틀어 지칭한 말로 볼 수 있음.
【不勝】사졸과 백성을 굴복시킬 수 없음.
【義】'誼', '宜'와 같음. 마땅한 방법.
【敍】관리를 순서와 직위. 등급에 따라 부여하는 직관.
【有司】한 가지 업무를 전문적으로 담당하는 관리.
【慝】사악함.
【徒】徒步로 움직이는 보병.
【軍旅】군대의 편제를 말하나 여기서는 군사상의 모든 작전과 지휘. 병사의 행동 등을 말함.
【政】'正'과 같음. 질서.
【誡命】미리 일러 주고 정하여 지키도록 한 군대의 명령과 규칙. 軍律.

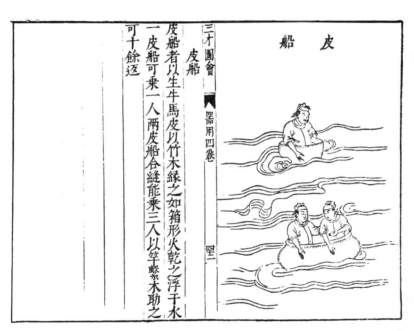

《三才圖會》에 실려 있는 고대 각종 전투 장비

014(2-8)
문무는 서로 보완되어야 한다

옛날 나라 안에서 통용되던 예의와 법도를 군대에서 사용하지 않았으며, 군대에서 통용되던 법을 나라 안에서 사용하지 않았다. 군대의 법이 나라 안에 들어오면 백성의 덕이 폐해지고, 나라 안에서 사용하는 법이 군대에 들어가면 백성의 덕이 쇠약해진다.

그러므로 나라 안에서의 언어와 문사는 말이 따뜻하였으며, 조정에서는 공경하고 겸손하여 자신을 잘 수양하는 것으로 남을 대하였다. 그리하여 임금이 부르지 않으면 가지 않았고, 묻지 않으면 마구 대답하지 않아 들어갈 때는 예가 어려웠고 물어날 때는 쉬웠다.

그러나 군대 내에서는 곧게 똑바로 서야 하며, 행동은 결단력이 있어 과감해야 하며, 무장한 병사는 절하지 않아도 되며, 전투 중인 수레는 식式을 하지 않아도 된다. 그리고 성 위에서는 급히 달려가 경례하지 않으며, 위험한 일을 당하였을 때는 나이를 앞세우지 않는다.

그러므로 예禮와 법法이라는 것은 서로 표리表裏를 이루는 것이며, 문文과 무武는 좌우左右가 되는 것이다.

古者, 國容不入軍, 軍容不入國. 軍容入國則民德廢, 國容入軍則民德弱. 故在國言文而語溫, 在朝恭以遜, 修己以待人, 不召不至, 不問不言, 難進易退. 在軍抗而立, 在行遂而果. 介者不拜, 兵車不式, 城上不趨, 危事不齒. 故禮與法表裏也. 文與武左右也.

【國容】 나라에서 제정한 예의와 법도. '軍容'은 군대에서 적용되는 예와 법도. 軍法. 軍律. 008을 볼 것.

【難進易退】 고대 임금을 뵐 때는 세 번 읍 하고 다가가며, 물러설 때는 한 번 인사를 하고 물러섬. 이 때문에 이렇게 표현한 것임.

【抗而立】 머리를 꼿꼿이 세우고 바르게 섬.

【介者】 갑옷과 투구로 무장한 군사.

【式】 '軾'과 같음. 수레의 앞쪽 횡목을 잡고 예를 표하는 것.

【不齒】 나이에 따라 순서를 정하는 것이 아님.

【左右】 서로 보완 관계가 됨을 뜻함.

015(2-9)
상과 벌

   옛날 어진 임금은 백성의 덕을 밝히며 백성이 선을 다하도록 하였다. 그 때문에 덕이 폐해짐이 없고 게으른 백성이 없었다.

   상을 베풀 필요도 없었고 벌을 내릴 일도 없었다.

   유우씨(有虞氏, 舜)는 상을 내리지도 않았고 벌을 내리지도 않았지만 그 백성을 사용할 수 있었으니, 지극한 덕으로 하였기 때문이었다.

   하(夏, 禹)나라는 상은 내리되 벌은 없었으니, 이는 지극한 교화 때문이었다.

   은(殷, 湯)나라는 벌은 내리고 상은 내리지 않았으니, 이는 지극한 위엄으로 한 때문이었다.

   주(周, 文王, 武王)나라는 상과 벌을 함께 썼으니, 이는 덕이 쇠한 때문이었다.

   상은 그 기회를 넘기면 안 되나니, 백성으로 하여금 속히 이를 터득하여 선을 지으면 이롭다는 것을 알게 함이다. 그리고 벌은 자리를 옮겨 처리하지 않고 그 자리에서 해야 하는 것이니, 이는 백성으로 하여금 속히 이를 보고 불선不善을 지었을 때의 해를 알게 하고자 함이다.

전투에서 큰 승리를 거둔 다음일지라도 상을 내리지 않으면 상하가 모두 자신의 공을 자랑하지 않는다. 윗사람이 자신의 잘한 일을 자랑하지 않으면 교만해지지 않으며, 아랫사람이 잘한 것을 자랑하지 않으면 경쟁심이 없어진다.

상하가 모두 이처럼 공을 자랑하지 않게 되면 이는 겸양의 지극함이다.

그리고 전투에 크게 패한 다음에 벌을 내리지 않으면 상하가 모두 그 잘못이 자신에게 있다고 여긴다. 윗사람이 진실로 잘못이 자신에게 있다고 여기면 틀림없이 자신의 허물을 후회하여 반성할 것이며, 아랫사람이 진실로 자신에게 과실이 있다고 여기면 앞으로는 그 죄로부터 틀림없이 멀어져야겠다고 여길 것이다. 상하가 그 과실을 서로 분담하기를 이와 같이 한다면 이는 겸양의 지극함이다.

古者, 賢王, 明民之德, 盡民之善. 故無廢德, 無簡民. 賞無所生, 罰無所試.

有虞氏不賞不罰而民可用, 至德也. 夏賞而不罰, 至敎也, 殷罰而不賞, 至威也. 周以賞罰, 德衰也. 賞不踰時, 欲民速得爲善之利也. 罰不遷列, 欲民速覩爲不善之害也. 大捷不賞, 上下皆不伐善. 上苟不伐善, 則不驕矣; 下苟不伐善, 必亡等矣. 上下不伐善若此, 讓之至也. 大敗不誅, 上下皆以不善在己. 上苟以不善在己, 必悔其過; 下苟以不善在己, 必遠其罪. 上下分惡若此, 讓之至也.

【簡民】일을 대충 대충하는 사람. 게으른 백성.
【試】벌을 내려 백성이 따르도록 시험함. 혹 '施'와 같은 뜻으로도 봄.
【亡等】'亡'은 '無'와 같음. 같아지려고 경쟁함이 없음.

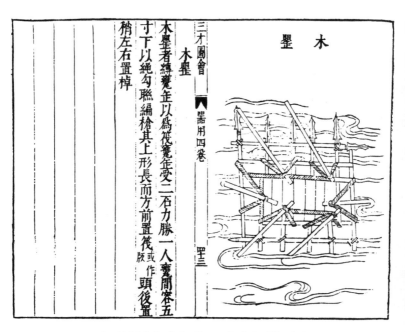

《三才圖會》에 실려 있는 고대 각종 전투 장비

병역의 노고로움을 인정하라

    옛날에는 변방을 지키는 군사는 한 번 복역한 뒤 3년이 지나면 다시 징집하지 않았으니, 백성의 노고로움을 보고 알기 때문이었다. 상하가 서로 보답해 주기를 이와 같이 하였으니 이는 화합의 지극함이다.

    전쟁에 승리를 거두면 개선가를 부르니 이는 그 기쁨을 표현한 것이며, 영대靈臺에서 휴전을 선포한 뒤 백성의 노고에 대하여 답례한 것은 휴식을 표현한 것이다.

古者, 戍兵, 三年不典, 覩民之勞也. 上下相報若此, 和之至也. 得意則愷歌, 示喜也; 偃伯靈臺, 答民之勞, 示休也.

【三年不興】변방 군역이 한 번 끝나고 3년 동안은 다시 군역을 부과하지 않음. 그 동안 농업과 생산에 힘쓰도록 한 것임.

【愷歌】凱旋歌. 군대가 승리하고 귀환하면서 부르는 노래.

【偃伯】'偃霸'로도 쓰며 휴전을 뜻함. '偃'은 무기를 갈무리하여 다시 쓰지 않을 것임을 선포한 것.

【靈臺】周나라 文王이 세웠던 누대. 문왕이 백성들과 즐거움을 함께 하기 위하여 세운 것이라 함.《孟子》梁惠王(上)에 "孟子見梁惠王. 王立於沼上, 顧鴻鴈麋鹿, 曰:「賢者, 亦樂此乎?」孟子對曰:「賢者而後, 樂此, 不賢者, 雖有此, 不樂也. 詩云:『經始靈臺, 經之營之. 庶民攻之, 不日成之. 經始勿亟, 庶民子來. 王在靈囿, 麀鹿攸伏. 麀鹿濯濯, 白鳥鶴鶴. 王在靈沼, 於牣魚躍.』文王以民力, 爲臺爲沼, 而民歡樂之, 謂其臺曰『靈臺』, 謂其沼曰『靈沼』, 樂其有麋鹿魚鼈. 古之人, 與民偕樂, 故能樂也. 湯誓曰:『時日害喪, 予及女偕亡.』民欲與之偕亡, 雖有臺池鳥獸, 豈能獨樂哉?」"라 하였다. 여기서는 武王이 殷을 멸한 뒤 이곳에서 전승을 축하하며 다시는 전쟁을 하지 않을 것을 선포한 것으로 해석된다. 그러나 무왕이 전쟁을 없앨 것을 선포한 것은《禮記》樂記,《說苑》指武篇,《新序》善謀篇,《史記》留侯世家와 樂書,《孔子家語》辯樂解 등에 널리 실려 있으며 이를 靈臺에서 행하였다는 구체적인 장소는 밝히고 있지 않다.《禮記》樂記에는 "武王克殷, 反商. 未及下車而封黃帝之後於薊, 封帝堯之後於祝, 封帝舜之後於陳. 下車而封夏后氏之後於杞, 投殷之後於宋. 封王子比干之墓, 釋箕子之囚, 之行商容而復其位. 庶民弛政, 庶士倍祿. 濟河而西, 馬, 散之華山之陽, 而弗復乘; 牛, 散之桃林之野, 而弗復服. 車甲血釁而藏之府庫, 而弗復用. 倒載干戈, 包以虎皮; 將帥之士, 使爲諸侯; 各之曰'建櫜'. 然後, 知武王之不復用兵也. 散軍而郊射, 左射貍首, 右射騶虞, 而貫革之射息也. 裨冕搢笏, 而虎賁之士說劍也. 祀乎明堂而民知孝. 朝覲, 然後諸侯知所以臣; 耕藉, 然後諸侯知所以敬. 五者, 天下之大敎也. 食三老五更於大學, 天子袒而割牲, 執醬而饋, 執爵而酳, 冕而總干, 所以敎諸侯之弟也. 若此, 則周道四達, 禮樂交通. 則夫武之遲久, 不亦宜乎?"라 하였다.

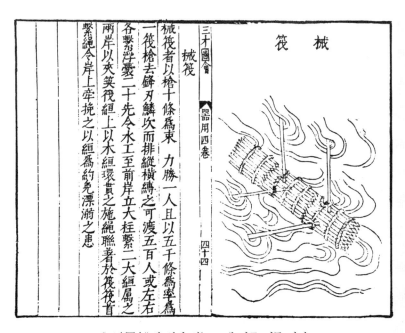

械筏

械筏者以槍十條爲束　力勝一人且以五千條爲率爲
一筏槍去鐏刃鱗次而排縱橫縛之可渡五百人或左右
各繫浮槊二十先令水工至前岸立大柱繫二大絙屬之
兩岸以夾筴筏上以木絙環貫之施繩聯者於筏筏首
繫絙令岸上牽挽之以絙爲約免漂游之患

四十四

《三才圖會》에 실려 있는 고대 각종 전투 장비

사
마
법

3. 정작定爵

    '정작定爵'이란 원래 봉건제도에서의 공후백자남公侯伯子男의 작위를 정함을 말한다. 여기서는 실제 제목에 관계없이 다양한 내용을 싣고 있으며 군사상 치군비전治軍備戰과 화전지휘和戰指揮의 원칙을 설명하고 있다. 아울러 전술 책략과 구체적인 작전 방법 등에 대하여 폭넓게 주제를 내세워 풀이하고 있다. 그러나 내용이 추상적이며 의미상 모호한 부분이 상당량 차지하고 있다.

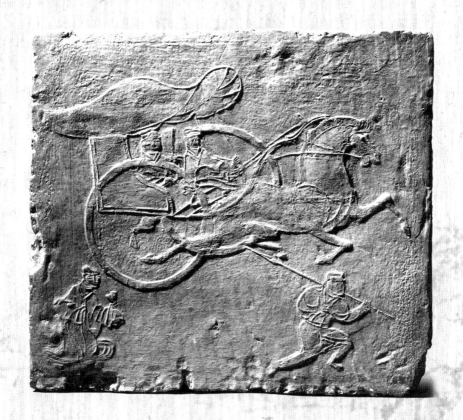

017(3-1)
큰 죄를 지은 자

무릇 작전에서는 먼저 군관의 작위(등급)를 정하고, 공과 죄에 대한 상벌을 밝히며, 사방의 유세가를 모집하고, 군대의 교령과 규율을 펴 보이며, 그들 무리의 의견을 묻고, 그들의 기능을 구하여 계획과 방책을 짜고, 사물의 근원을 살피고, 의심스럽거나 의혹이 있는 것을 변별하여 따져 보며, 힘을 기르고 교묘한 계책을 찾아 백성을 마음을 바탕으로 움직여야 한다.

무릇 전투에는 응당 아군의 무리를 공고히 하여 이익을 따져 보며, 분란을 다스리고 나가고 그침에 질서가 있어야 하며, 정당하다면 이에 복종하고, 치욕에 대하여 밝히 알며, 법령을 간소화하며 벌을 줄여야 한다.

조그마한 죄를 범했는데도 이를 죽이게 되면 작은 죄는 다스릴 수 있으나, 큰 죄를 지은 자는 이를 바탕으로 큰일을 일으킬 염려가 있다.

凡戰: 定爵位, 著功罪, 收遊士, 申敎詔, 訊厥衆, 求厥技, 方慮極物, 變嫌推疑, 養力索巧, 因心之動.

凡戰: 固衆, 相利, 治亂, 進止, 服正, 成恥, 約法, 省罰. 小罪乃殺; 小罪勝, 大罪因.

【遊士】遊說家. 전쟁 중인 두 나라를 오가며 강화를 주선하는 사람. 혹은 전쟁에 이기기 위하여 각종 국제 관계 등에 다하여 의견을 제시하는 策士.

【方慮】모책이나 계획 등에 대하여 여러 가지로 분석하고 따져봄.

【極物】사물의 근원을 끝까지 궁구하여 봄.

【變】'辨'과 같음. 分辨함.

【相利】이익에 대하여 자세히 살펴봄.

【服正】정의에 대하여 복종함.

【約法】법을 아주 간단히 줄임.

사지四肢와 오지五指

　하늘의 때를 따르고 전쟁 물자를 풍부히 하며, 많은 무리를 즐겁게 하고 땅의 이로움을 차지하며 무기를 중시하는 것, 이 다섯 가지를 일러 오려五慮라 한다.

　하늘의 때를 따라 때맞추어 사시와 기후를 살피며, 재물을 풍부히 하기에는 적의 재물을 바탕으로 하며, 많은 이를 즐겁게 하기에는 힘쓰고 화합하며, 땅의 이로움을 이용하기에는 험한 곳을 잘 수비하며, 무기를 중시함에는 궁시弓矢로 방어하며, 수모殳矛로 지켜내며, 과극戈戟으로 도움을 받는다.

　무릇 다섯 가지 무기는 다섯 가지 그에 해당하는 용도가 있으니 긴 병기는 짧은 것으로 덤비는 자를 막을 수 있고, 짧은 병기는 긴 병기가 없을 때 급히 쓸 수 있다. 이러한 병기를 차례에 맞추어 전투를 벌이면 지구전을 펼 수 있으니 모두를 전투에 고르게 사용하면 강한 군대가 되는 것이다.

적의 새로운 무기를 발견하게 되면 그 우세함을 생각하여 이와 같은 것을 똑같이 제조해야 하나니 이를 일러 '양지兩之'라 한다.

장수가 힘쓰고 화합함을 중시하고 적을 살펴 그에 맞게 행동을 시작해야 한다. 장수의 마음을 마음으로 하고 병사들의 마음을 마음으로 하며, 말과 소, 수레와 병사들을 편안하고 배부르게 하여 전투력을 키워야 한다.

사병의 교육은 미리 해 두어야 전투에서 군율에 절도가 있게 된다.

장군이 몸이라면 병졸은 사지四肢이며 오졸伍卒은 다섯 손가락이다.

작전에는 권변權變을 써야 하며, 전투는 용기를 앞세워야 하고, 포진布陣엔 교묘한 모책을 써야 한다.

자신이 하고자 하는 바를 응용하고 자신이 능한 바를 실행하며, 하고 싶지도 않고 해 낼 수도 없는 것이라면 이를 얼른 폐기해야 하며, 적으로 하여금 에에 상반된 행동을 하도록 유도해야 한다.

順天・阜財・懌衆・利地・右兵, 是謂五慮.

順天奉時, 阜財因敵, 懌衆勉若, 利地守隘險阻, 右兵弓矢禦・殳矛守・戈戟助.

凡五兵五當, 長以衛短, 短以救長. 迭戰則久, 皆戰則强. 見物與侔, 是謂兩之.

主固勉若, 視敵而擧. 將心, 心也; 衆心, 心也; 馬牛車兵佚飽, 力也.

教惟豫, 戰惟節.

將軍身也, 卒支也, 伍指拇也.

凡戰, 權也. 鬪, 勇也. 陳, 巧也. 用其所欲, 行其所能, 廢其不欲不能, 于敵反是.

【阜】풍성함. 부유함을 일컬음.

【懌】'즐겁게 여기다'의 뜻.

【右】'중시하다'의 뜻.

【勉若】성의를 다하고 이에 따르며 화순하게 여김.

【五兵】고대 무기를 총칭하는 말. 주로 戈・矛・殳・戟・弓矢를 가리킨다 함.

【兩之】적군과 비슷하도록 함.

【佚】'逸'과 같음. 편안하고 한가함.

【卒】고대 兵制에서 1백 명을 졸이라 함.《周禮》에 "五人爲伍, 五伍爲兩, 四兩爲卒" 이라 함.

【支】肢와 같음. 지체. 사지.

【伍】고대 가장 기본적인 군제 단위. 다섯 명을 단위로 '伍'라 함.《周禮》夏官 司馬에 "凡制軍, 萬二千五百人爲軍. 王六軍, 大國三軍, 次國二軍, 小國一軍. 軍將皆命卿. 二千有五百人爲師, 師帥皆中大夫. 五百人爲旅, 旅帥皆下大夫. 百人 爲卒, 卒長皆上士. 二十五人爲兩, 兩司馬皆中士. 五人爲伍, 伍皆有長"이라 함.

【伍】고대 가장 기본적인 군제 단위. 다섯 명을 단위로 '伍'라 함.《周禮》夏官司馬에 "凡制軍, 萬二千五百人爲軍. 王六軍, 大國三軍, 次國二軍, 小國一軍. 軍將皆命卿. 二千有五百人爲師, 師帥皆中大夫. 五百人爲旅, 旅帥皆下大夫. 百人爲卒, 卒長皆上士. 二十五人爲兩, 兩司馬皆中士. 五人爲伍, 伍皆有長"이라 함.

【陳】'陣'과 같음. 작전에서의 전투 陣形. 陣地. 陣營 등 군사 용어. 흔히 모든 병법서에 '陳'과 '陣'을 혼용하고 있으나 고대에는 '陳'자가 원자였음.《論語》衛靈公篇에 "衛靈公問陳於孔子. 孔子對曰:「俎豆之事, 則嘗聞之矣; 軍旅之事, 未之學也.」明日遂行. 在陳絶糧, 從者病, 莫能興. 子路慍見曰:「君子亦有窮乎?」子曰:「君子固窮, 小人窮斯濫矣.」"이라 하였고, 集註에 "陳, 謂軍師行伍之列"라 하였다. 이 '陳'자가 '陣'자로 군사학에서 '진을 치다'는 전용어로 바뀐 것에 대한 이론은 상당히 많다. 이에 대하여《顔氏家訓》書證篇에는 다음과 같이 고증하고 있다.

『태공(太公)의《육도(六韜)》에 천진(天陳)·지진(地陳)·인진(人陳)·운조지진(雲鳥之陳) 등이 있다. 그리고《논어(論語)》에 "위령공이 공자에게 진(陳)을 물었다"라 하였으며,《좌전(左傳)》에는 "어려지진(魚麗之陳)을 치다"라 하였다. 그런데 속본에는 흔히 「阜」방에 거승(車乘)의 「거(車)」를 써서 「진(陣)」으로 쓴다. 생각건대 여러 진대(陳隊)는 모두가 진정(陳鄭)의 진(陳)자여야 한다. 무릇 행진(行陳)의 뜻은 진열(陳列)이란 말에서 취한 것이다. 이는 육서(六書) 중의 가차(假借)이다.《창힐편(蒼頡篇)》과《이아(爾雅)》및 근세의 자서(字書)에는 모두가 따로 별자(別字)가 없었다. 그런데 오직 왕희지(王羲之)의〈소학장(小學章)〉에만은 「阜(阝)」옆에 거(車)를 썼다. 비록 세속에 이미 통행되고는 있지만 그렇다고 이를 근거로《육도》,《논어》,《좌전》을 고치는 것은 마땅치 않다.』(太公《六韜》, 有天陳·地陳·人陳·雲鳥之陳.《論語》曰:「衛靈公問陳於孔子.」《左傳》:「爲魚麗之陳.」俗本多作阜傍車乘之車. 案諸陳隊, 並作陳·鄭之陳. 夫行陳之義, 取於陳列耳, 此六書爲假借也,《蒼》·《雅》及近世字書, 皆無別字; 唯王羲之〈小學章〉, 獨阜傍作車, 縱復俗行, 不宜追改《六韜》·《論語》·《左傳》也.)

그러나 여기서 "王羲之의〈소학장〉에서 그렇게 썼다"라 한 것은 羲義라는 사람이 쓴 것을 잘못 알아 왕희지의 저작이라고 한다. 趙曦明은 「《隋書》經籍志:《小學篇》一卷, 晉下邳內史王義撰. 諸本並作王羲之, 乃妄人謬改」라 하였다.

【廢】폐기함. 정지함. 중지함.

전쟁 준비의 여러 조건들

　　무릇 전쟁은 천시의 조건을 구비하며 물자를 충분히 비축하고 우수한 인력을 가지고 있어야 한다.

　　시간을 끌지 않되 거북으로 점을 쳐 길조가 나왔다 해도 그 행동을 은밀히 감추어야 하나니, 이를 일러 '유천有天'이라 한다.

　　많은 무리를 가지고 있으며 이로 인해 훌륭한 생산도 있을 때, 이를 일러 '유재有財'라 한다.

　　병사들은 충분히 연습이 되어 있고 이익을 그 앞에 펼쳐져 있으며 사물의 근원을 다 궁구해 보아 승리를 예측할 수 있는 경우, 이를 일러 '유선有善'이라 한다.

　　병사들은 부지런하고 모두가 자신이 맡은 일을 담당해 낼 때, 이를 '낙인樂人'이라 한다.

　　대군으로 진세가 견고하며 전투력이 강하고 연습도 빈번히 하여 맡은 관리들도 물건을 제대로 감당해 내며 다스림을 간단히 하여 사물의 정황을 통찰할 수 있는 경우, 이를 일러 '행예行豫'라 한다.

가볍고 날랜 수레에 날랜 보병 그리고 활과 화살이 방어하기에 견고한 것, 이를 일러 '대군大軍'이라 한다.

비밀리에 조용함을 지키며 안으로 많은 힘을 비축하고 있을 때, 이를 일러 '고진固陳'이라 한다.

이러한 조건을 갖추고 진격과 퇴각을 잘 하는 경우, 이를 일러 '다력多力'이라 한다.

윗사람이 한가한 틈을 이용하여 사병들을 가르침을 일러 '번진煩陳'이라 한다.

모든 일에 그에 상응하는 직무를 맡김을 일러 '감물堪物'이라 한다.

이러한 일에 근거하여 여러 가지 사물을 변별하는 것을 일러 '간치簡治'라 한다.

凡戰: 有天, 有財, 有善.

時日不遷, 龜勝微行, 是謂有天.

衆有, 有, 因生美, 是謂有財.

人習陳利, 極物以豫, 是謂有善.

人勉及任, 是謂樂人.

大軍以固, 多力以煩, 堪物簡治, 見物應率, 是謂行豫.

輕車輕徒, 弓矢固禦, 是謂大軍.

密靜多內力, 是謂固陳.

因是進退, 是謂多力.

上暇人教, 是謂煩陳.

然有以職, 是謂堪物.

因是辨物, 是謂簡治.

【遷】 '시간을 끌다'의 뜻.
【龜勝】 龜甲으로 승패의 점을 쳐서 길조가 나와야 출정함.
【樂人】 전투에 참여하기를 거부하지 아니하는 사람.
【煩】 전투 연습을 빈번하게 함.
【堪物】 사물을 관리해 내는 능력.
【應卒】 '卒'은 '猝'과 같음. 돌연한 사안에 대하여 대응함.
【煩陳】 布陣 훈련을 자주함.
【固陳】 견고한 진세와 진영.

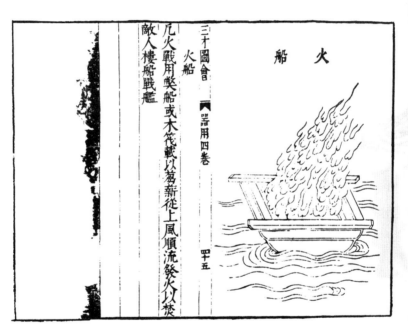

《三才圖會》에 실려 있는 고대 각종 전투 장비

장수로서의 자격

　지형 조건을 근거로 아군을 그에 맞게 배치하며 적의 상황을 근거로 포진을 명령해야 한다. 공격에는 수비를 생각하고 전진과 퇴각을 알맞게 그칠 수 있어야 하며 대열의 전후는 질서를 지키도록 하고, 수레와 보병을 그에 맞게 배치해야 한다. 이를 일러 '전참戰參'이라 한다.

　병사로서 불복종·불신·불화·태만·의혹·싫증 내는 것, 두려움, 분산되는 것, 남에게 의지하는 것, 위축됨, 좌절, 제멋대로 하는 것, 붕괴, 이완됨 이를 일러 '전환戰患'이라 한다.

　장수로서 교만하기 이를 데 없는 것, 겁을 잔뜩 집어먹는 것, 신음하며 탄식하는 것, 근심으로 겁에 떠는 것, 일을 저질러 놓고 후회하는 것, 이를 일러 '훼절毁折'이라 한다.

　행동에 크고 작음, 강함과 약함, 셋 또는 다섯씩 조 편성하기, 많고 적음, 서로 상반된 장단점 잘 파악하는 것을 일러 장수의 전권戰權이라 한다.

稱衆因地, 因敵令陳. 攻戰守, 進退止, 前後序, 車徒因, 是謂戰參.

不服・不信・不和・怠・疑・厭・懾・枝・挂・詘・頓・肆・崩・緩, 是謂戰患.

驕驕・懾懾・吟曠・虞懼・事悔, 是謂毀折.

大小・堅柔・參伍・衆寡・凡兩, 是謂戰權.

【稱衆】아군의 병력을 계산해 봄.

【戰參】작전에서의 참고 사항.

【枝】'분산하다'의 뜻.

【頓】피로에 지침.

【吟曠】탄식하고 괴로워함. '曠'은 '횡'으로 읽음.

【參五】셋 혹은 다섯씩 짝지음. 參은 三, 五는 伍와 같음.

【凡兩】모든 일을 正反 두 방향으로 고려하여 살펴봄.

전투에서의 행동 수칙

무릇 작전이란 멀리는 간첩을 풀고 가까이는 잘 관찰하며, 자신의 천시와 재물을 근거로 하며 믿음을 중시하고 의심은 미워할 수 있어야 한다.

의를 숭상하고 때를 잘 이용하며 남에게 은혜를 베풀도록 진작시켜야 한다.

적을 만나면 조용히 대비하고 분란을 만나도 오히려 한가히 기다리며, 위난을 만나면 그 무리에게 위험이 오지 않을까 잊지 말고 행동을 취해야 한다.

나라 안에서는 믿음으로 은혜를 베풀고, 군대에서는 무위로써 넓혀야 하며, 전투에서는 과감하고 민첩해야 한다.

나라 안에서는 화목이 우선이며, 군대에서는 군법이 우선이며, 전투 중에는 잘 살피는 것이 우선이다.

나라에서는 아름다운 덕을 드러내어야 하며, 군대에서는 방정함을 드러내어야 하며, 전투 중에는 믿음을 드러내어야 한다.

凡戰: 間遠觀邇, 因時因財, 貴信惡疑.

作兵義, 作事時, 使人惠.

見敵靜, 見亂暇, 見危難無忘其衆.

居國惠以信, 在軍廣以武, 刃上果以敏.

居國和, 在軍法, 刃上察.

居國見好, 在軍見方, 刃上見信.

【間遠】간첩을 사용하여 먼 곳의 적정을 알아봄.

【使人惠】사람을 부릴 때는 은혜를 베풀어야 함.

【暇】'조용히, 침착하게'의 뜻.

【居國】국가를 다스림.

【刃上】交戰의 뜻.

【見方】방정함을 드러내어 보임.

장수의 안정감 유지

　무릇 진열은 행군할 때는 서로 멀리 떨어져 가야 하며, 교전 중에는 서로 밀집해야 하며, 무기는 알맞게 고루 배치해야 한다.

　병사들은 많은 훈련을 시켜야 하며, 안정을 지키도록 하여야 군대가 다스려 진다. 그리고 위엄과 명령은 쉽게 알 수 있도록 드러나게 밝혀야 한다.

　상하가 서로 의로써 지켜내면 병사마다 힘쓸 것이요, 계획을 다양하게 만들어야 병사들이 복종한다.

　당시 병사들이 때에 맞게 복종하면 그 나머지 일들은 차례대로 다스려질 것이요, 사물이 모두 이치에 맞게 드러나면 그들이 보는 것이 분명해질 것이며, 염려한 것이 이미 정해지고 나면 전투심이 강해질 것이다.

　장수로서 진퇴에 안정감이 없거나, 적을 보고도 모책을 세우지 못한다면 이는 주벌을 받아야 한다.

　그 부대의 이름(암호)을 마구 바꾸지 말 것이며, 그 부대의 깃발을 마구 변경해도 안 된다.

凡陳: 行惟疎, 戰惟密, 兵惟雜. 人敎厚, 靜乃治, 威利章.

相守義, 則人勉. 慮多成, 則人服.

時中服, 厥次治. 物旣章, 目乃明. 慮旣定, 心乃强.

進退無疑, 見敵無謀, 聽誅.

無誑其名, 無變其旗.

【威利章】위엄으로 내린 명령이 적합하고 빛남. '章'은 '彰'과 같음.

【時中服】그 당시 사람들이 즐거운 마음으로 복종함.

【厥次治】차례에 맞추어 처리함.

【疑】뒤 구절 '見敵無謀'와 대를 이루는 것으로 보아 '凝'이나 '擬'의 가차자가 아닌가 함.

【名】그 부대의 이름 혹은 암호.

023(3-7)
의로써 적을 쳐라

무릇 선을 중시하면 길게 갈 것이요, 옛 법을 따르면 실행이 될 것이다.

군에서의 맹세가 잘 드러나면 병졸이 강해지고 적군의 멸하게 될 것이다.

적군을 멸하는 방법은 첫째는 의義이다. 믿음으로 덮어 주고 강함을 가지고 임하게 되면, 천하를 통일하는 형세를 성공시킬 수 있다. 적군 사람들을 즐겁게 감복시키지 않음이 없게 되면 이를 일러 적군도 아울러 우리 군사처럼 사용한다고 하는 것이다.

다음 하나는 권權이다. 적으로 하여금 교만이 넘치도록 하고, 그들이 좋아하는 바를 빼앗아 우리가 그들 밖에서 치고 그들 안에서는 스스로 우리를 용납하도록 유도하여야 한다.

凡事善則長, 因古則行.

誓作章, 人乃强, 滅厲祥.

滅厲之道: 一曰義, 被之以信, 臨之以强, 成基一天下之形, 人莫不說, 是謂兼用其人. 一曰權. 成其溢, 奪其好, 我自其外, 使自其內.

【誓作章】맹서의 글을 지어 그 선명함을 진작시킴.

【厲】적군을 가리킴.

【祥】징조. 여기서는 나쁜 징조를 뜻함.

【溢】제멋대로 함.

【內】'納'과 같은 뜻이 아닌가 함. 그곳에 간첩을 보내어 안에서 우리를 받아 들일 수 있도록 분위기와 환경을 만듦을 뜻한다고 함.

칠정七政과 사수四守

　첫째는 병사요, 둘째는 정의이며, 셋째는 사령辭令이요, 넷째는 교묘함이며, 다섯째는 불이요, 여섯째는 물이며, 일곱째는 병력이니 이를 일러 '칠정七政'이라 한다.

　영광과 이욕, 치욕과 죽음, 이를 일러 '사수四守'라 한다.

　관용을 베푸는 얼굴색은 오래 쌓아야 위엄이 생기며, 이는 병사의 의지를 개변시키기 위한 것에 불과하다. 이들은 모두 이러한 방법으로 해야 한다.

　오직 어짊을 가지고 하여야 친함이 있게 되나니, 어짊만 있고 믿음이 없다면 도리어 그 몸을 망칠 수 있다.

　병사를 병사로 존중하고, 정의를 정의답게 내세우며, 사령을 사령답게 발령하고, 불을 쓸 때 불을 쓸 수 있도록 명확해야 한다.

一曰人, 二曰正, 三曰辭, 四曰巧, 五曰火, 六曰水, 七曰兵, 是謂七政
榮, 利, 恥, 死, 是謂四守.
容色積威, 不過改意, 凡此道也.
唯仁有親, 有仁無信, 反敗厥身.
人人, 正正, 辭辭, 火火.

【客色】사람을 용납하고 수용하는 얼굴빛.
【積威】오래도록 지켜온 위엄.
【人人】병사를 사람답게 대우함.
【火火】火攻法을 써야 할 경우 이를 실행함. 작전을 명확히 함을 뜻함.

군의 사기 진작법

　무릇 전투의 방법으로는 이미 그 사기를 진작시켰다면 그에 맞추어 정령을 발표해야 한다.

　사병에게는 편안한 표정으로 대하며 사병을 인도할 때는 명령이 그에 맞아야 한다. 그들이 두려워하는 것을 근거로 경계를 유도하며, 그들이 바라는 바에 따라 이를 시켜야 한다. 적군의 영토에 들어가서는 그곳을 제압하고 각 직분을 주어 이를 명령하게 한다. 이를 일러 '전법戰法'이라 한다.

　무릇 병사들이 지켜야 할 준칙이란 많은 무리가 요구하는 바를 근거로 하며, 이를 시험할 때는 명분에 맞게 행하도록 하되 반드시 잘하는 자의 행동을 표준삼는다.

　만약 실행하여 그 성과를 얻지 못하였다면 장수가 몸소 스스로 나서서 이끌어야 하며, 이를 실행하여 성과를 얻었다면 이를 잊지 않고 그대로 반복할 수 있도록 지도해야 한다. 그리고 세 번 행하여 이를 법(規律)으로 삼는다. 이렇게 사람을 살리기에 마땅한 것을 일러 '법法'이라 한다.

凡戰之道: 旣作其氣, 因發其政; 假之以色, 道之以辭. 因懼以戒, 因欲而事, 陷敵制地, 以職命之, 是謂戰法.

凡人之形: 由衆以求, 試以名行, 必善行之. 若行不行, 身以將之; 若行而行, 因使勿忘, 三乃成章. 人生之宜, 謂之法.

【作】振作시킴.
【賞】형벌과 시상에 대한 정책. 군법.
【道】'導'와 같음.
【蹈敵制地】적국의 영토에 들어가 그 땅을 제압함.
【人之形】병사로서의 방법과 준칙.
【將】將率. '거느리다'의 뜻.

026(3-10)
믿음을 얻어야 한다

　무릇 혼란을 다스리는 방법이란, 첫째 어짊(仁), 둘째 믿음(信), 셋째 곧음(直), 넷째 한결같음(一), 다섯째 의(義), 여섯째 변화(變), 일곱째 전념(專)이다.

　법을 정함에는 첫째 남이 수용할 수 있을 것(受), 둘째 법다울 것(法), 셋째 정할만한 법이어야 할 것(立), 넷째 집행이 신속할 것(疾), 다섯째 장병의 복장에 따라 이를 통솔할 수 있어야 할 것(御其服), 여섯째 복장의 색깔에 등급이 있어야 할 것(等其色), 일곱째 모든 관리가 의당 마음대로 복장을 바꿀 수 없도록 할 것(百官宜無淫服) 등의 조건이다.

　무릇 군대에서 법을 자기 자신 마음대로 하는 것을 일러 전專이라 하고, 아랫사람에게 법을 무서운 것으로 여기게 하는 것을 법法이라 한다.

　군에서는 작은 소문 등은 듣지 않으며, 전투에서는 작은 이익에 매달리지 않아야 하며, 작전 계획은 날마다 숨기고자 하는 것은 숨길 수 있도록 하는 것을 일러 '도道'라 한다.

　무릇 작전에서 정상적인 방법이 통하지 않는다면 전단專斷을 써야 하며, 복종하지 않으면 법으로 처리해야 하고, 서로 믿지 못할 경우에는 의견을 하나로 모아야 한다.

　만약 병사가 태만히 굴면 이를 격동시켜야 하고, 의심을 가지면 변화를 주어야 하며, 병사로서 상관을 믿지 못하면 똑같은 행동을 두 번 해서는 안 된다. 이것이 예로부터의 도리이다.

凡治亂之道: 一曰仁, 二曰信, 三曰直, 四曰一, 五曰義, 六曰變, 七曰專.

立法: 一曰受, 二曰法, 三曰立, 四曰疾, 五曰御其服, 六曰等其色, 七曰百官宜無淫服.

凡軍: 使法在己曰專, 與下畏法曰法. 軍無小聽, 戰無小利, 日成行微, 曰道.

凡戰: 正不行則事專, 不服則法, 不相信則一. 若怠則動之, 若疑則變之, 若人不信上, 則行其不復. 自古之道也.

【專】專一함. 권력을 집중시켜 지휘함.
【禦其服】관리의 등급과 복장을 그 지위에 맞추어 다르게 구분함.
【小聽】근거 없는 유언비어.
【微】군대에서의 작전은 적이 모르도록 날마다 정리하여 비밀이 누설되지 않도록 함.
【一】하나로 통일함.
【動】격동시킴. 진작함.

사
마
법

4. 엄위嚴位

　‘엄위嚴位’란 군대 내에서의 상하 계급의 구분을 엄격히 해야
한다는 뜻이다. 역시 첫 구절의 일부를 제목으로 삼은 것이며 전체의
내용이 일관된 것은 아니다. 다만 전진戰陣의 구성과 방법, 그리고
사병과 전차戰車의 배치, 자세, 행동 중에 대한 설명이 주를 이루고
있으며, 장수가 갖추어야 할 덕목과 작전 원칙, 승리를 취하는 방법
등에 대하여 설명하고 있다.

027(4-1)
군법은 엄격해야

무릇 작전 방법은 상하의 직위가 엄격하게 되어야 하며, 정령은 무서워야 하며, 힘은 영활靈活해야 하며, 사기는 안정되도록 해 주어야 하고, 병사의 심정은 하나로 통일되어야 한다.

무릇 작전 방법은 도의道義에 따라 등급을 달리하며, 졸오卒伍의 편제를 세우며, 군대 행렬을 정하고, 가로세로의 위치를 바르게 정하고, 그 명분과 실질을 잘 판별하여야 한다.

전사를 세워 들어오게 할 때는 몸을 숙여 예를 표하며, 전사가 앉을 때는 무릎 꿇는 자세로 앉는다. 병사들이 두려워하면 대형을 밀집시키고, 위급한 상황에 처할 때는 앉은 자세를 취하도록 한다. 멀리 있는 자는 적을 자세히 관찰하도록 하면 두려움을 느끼지 않을 것이나, 적과 가까이 있는 자는 그들을 쳐다보지 않도록 하면 흩어지지 않을 것이다.

진중에서의 사졸의 위치는 전후좌우에 맞게 배치시키고, 군영을 마련하여서는 짐을 내려놓고 앉도록 하며, 군에 맹서를 할 때는 천천히 걷도록 한다.

대오 중의 보병과 갑사甲士는 각기 그에 맞는 무게의 장비를 갖추도록
한다. 말이 놀라 시끄러우면 보병이 두려워할 것이니 이때는 역시
이들을 밀집시켜 안심하도록 조치한다.

무릎 꿇고 앉거나 앉아 엎드리는 자세라면 무릎으로 기어 나가면서
부드러운 말로 이들과 약속을 상기시킨다.

일어서서 진격할 때는 북을 울리면 나아가고, 탁鐸을 울리면 중지
하도록 한다. 입에 함매銜枚를 물도록 하여 이를 늘 지니고 다니게
한다.

앉아 있을 때라면 무릎으로 기어 앞으로 밀고 나아가도록 하며,
적과 서로 죽이는 전투에서는 뒤를 돌아보는 것을 금지하고 소리 지르며
먼저 다투어 앞으로 나가게 한다.

만약 너무나 두려워한다면 죽이지는 말고 편안한 얼굴색을 보여
주어 그들에게 살아날 길을 일러 주며, 그 맡은 바 직책을 잘 수행하도록
순시하며 살펴본다.

凡戰之道: 位欲嚴; 政欲栗; 力欲窕; 氣欲閑; 心欲一.

凡戰之道: 等道義, 立卒伍, 定行列, 正縱橫, 察名實.

立進俯; 坐進跪. 畏則密; 危則坐. 遠者視之則不畏, 邇者勿視則不散.

位下左右, 下甲坐, 誓徐行之. 位逮徒甲, 籌以輕重.

振馬譟, 徒甲畏, 亦密之; 跪坐·坐伏, 則膝行而寬誓之.

起, 譟鼓而進, 則以鐸止之. 銜枚誓糗, 坐, 膝行而推之, 執戮禁顧, 譟以先之.

若畏太甚, 則勿戮殺, 示以顏色, 告之以所生, 循省其職.

【欲】'반드시 하고자 하다'의 뜻.

【栗】'慄'과 같음. 위엄을 뜻함.

【窕】佻와 같음. 매우 민첩하고 靈活함.

【閑】'조용하다, 안정되다'의 뜻.

【等道義】도의를 기준으로 그에 맞게 등급을 매겨 그에 상응하는 직위를 부여함.

【卒伍】고대 가장 기본적인 군제 단위. 다섯 명을 단위로 '伍'라 함. 《周禮》
夏官 司馬에 "凡制軍, 萬二千五百人爲軍. 王六軍, 大國三軍, 次國二軍, 小國一軍.
軍將皆命卿. 二千有五百人爲師, 師帥皆中大夫. 五百人爲旅, 旅帥皆下大夫. 百人
爲卒, 卒長皆上士. 二十五人爲兩, 兩司馬皆中士. 五人爲伍, 伍皆有長"이라 함.

【下甲】군대를 주둔시킴의 뜻이 아닌가 함.

【籌以輕重】군의 경중과 완급 정도를 살펴 진지에서 사졸을 그에 맞게 배치함.

【振馬譟】'振'은 '震'과 같음. 말이 놀라 울음소리를 냄.

【鐸】나라의 법령이나 전투를 지휘할 때 신호용으로 쓰는 악기.

【銜枚】고대 진군 습격할 때 소리가 나지 않도록 하기 위하여 병사들의 입에
물리는 기구로 양끝에 줄을 매어 이를 목에 걸어 소지함.

【誓糗】구체적으로 알 수 없으나 자신들이 가지고 있는 전쟁 도구를 잘 경계
함을 뜻함. 孫詒讓의 《札迻》(10)에 "案: '誓糗', 不可通, 疑'糗'當爲'具'. '誓具',
謂戒其具備也"라 함.

【循省】순시함. 두루 돌아다니며 살펴봄.

028(4-2)
병졸의 징계 방법

　무릇 삼군三軍의 작전은 병사를 징계할 때는 반나절 정도로 하고, 병사를 구금할 때는 짧은 한 시간 정도로 하며 그의 식사 배급을 줄여서는 안 된다.

　적이 의혹을 품고 행동을 옮기지 못할 때에, 병사를 풀어 출격하여야 이를 정복하여 항복시킬 수 있다.

　무릇 전투에서는 힘이 있어야 오래 견딜 수 있으며, 사기가 높아야 승리할 수 있고, 견고해야 오래 견딜 수 있으며, 위기에 닥쳐야 승리할 수 있다.

　그리고 병사의 본심이 굳어야 새롭게 사기를 높여 승리할 수 있으며, 갑옷은 견고해야 하며 무기는 뛰어나야 승리를 거둘 수 있다.

　무릇 수레는 밀집 대형을 이루어 굳건하게 하고, 보병은 앉은 대형을 갖추어야 견고하며, 갑사甲士는 갑옷이 두꺼워야 견고하며, 무기는 가벼워야 승리를 거둘 수 있다.

　아군의 병사들이 승리의 사기를 가지고 있다 해도 오직 적의 형태를 자세히 관찰하여야 하며, 아군 병사들이 두려운 마음을 지니고 있다면 오직 그들이 두려워하는 바가 무엇인지를 자세히 살펴 주어야 한다.

　승리에 대한 자신감과 패배할까 하는 두려움의 두 가지 마음을 차례로 살펴, 그 둘의 이익을 하나로 여겨 정리하되 이 두 가지 상황을 마음속에 잊지 않고 주재하여 장수로서의 권형權衡 위에 놓고 살피며 따져 보아야 한다.

凡三軍, 人戒分日, 人禁不息, 不可以分食.

方其疑惑, 可師可服.

凡戰: 以力久, 以氣勝, 以固久, 以危勝.

本心固, 新氣勝, 以甲固, 以兵勝.

凡車以密固, 徒以坐固, 甲以重固, 兵以輕勝.

人有勝心, 惟敵示視, 人有畏心, 惟畏示視. 兩心交定, 兩利若一, 兩爲之職, 惟權視之.

【三軍】周나라 때 제도에서 一軍은 12,500명을 가리키며 天子(王)는 六軍을, 제후 중에 대국은 三軍을, 그 다음 정도는 二軍을, 소국은 一軍을 둘 수 있었음. 《周禮》夏官 司馬에 "凡制軍, 萬二千五百人爲軍. 王六軍, 大國三軍, 次國二軍, 小國一軍. 軍將皆命卿. 二千有五百人爲師, 師帥皆中大夫. 五百人爲旅, 旅帥皆下大夫. 百人爲卒, 卒長皆上士. 二十五人爲兩, 兩司馬皆中士. 五人爲伍, 伍皆有長"이라 함.

【人戒分日】병사를 징계할 때는 반나절씩 나누어 실시함.

【人禁不息】병사를 감금할 때는 한순간(一息)을 초과하지 않음. 장시간 감금하지 않음을 뜻함.

【以危勝】위험한 지경에 처하도록 하여, 도리어 승리를 거둘 수 있도록 함. 《孫子》의 九地編의 "陷之死地, 然後生"과 같은 뜻임.

【本心】사졸을 전투에 참여시킬 수 있는 상황. 사졸이 싸우고자 하는 마음. 투지.

【人有勝心】아군이 승리할 자신감을 가지고 있음.

【人有畏心】아군이 두려운 마음을 가지고 있음.

【兩爲之職】두 가지 마음을 모두 파악하고 있음. '職'은 '주재하다'의 뜻.

【權】權衡. 저울. 저울질하여 살피고 따져봄.

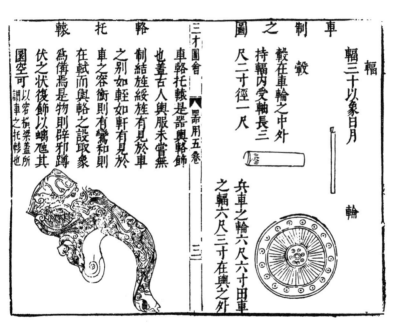

輻

輻三十以象日月

輪

車

轂

制

轂在車輪之中外
持輻内受軸長三
尺二寸徑一尺

圖

之

兵車之輪六尺六寸用車
之輻六尺三寸在輿之外

三才圖會　器用五卷　　三

輅

制結旌綏旌有見於
也蓋古人與服未嘗無
車輅托轐是器輿輅飾

托

之別如輕如軒有見於
車之容衡則有鸞和則

轐

伏之状復飾以螭虺其
爲備爲是物則辟邪蹲
在軾而輿輅之設取象

圓空可以容栴栜蓋所
謂車之托轐也

《三才圖會》에 실려 있는 고대 각종 전투 장비

029(4-3)
병력의 과다보다는 전술을 우선해야 한다

　무릇 전투에서는 적은 병력으로 상대의 적은 병력을 상대하면 위험한 정도에 그치지만, 아군의 많은 병력으로 적군의 많은 병력을 상대하면 공을 세울 수 없다. 그러나 아군의 적은 병력으로 적군의 많은 병력을 상대하면 패배하고 말 것이며, 아군의 많은 병력으로 적군의 적은 병력을 상대하면 싸워볼 만하다.

　그러므로 전투에서는 병력의 많고 적음을 잘 살펴야 한다.

　주둔할 때는 무기와 갑옷을 잘 갈무리하여야 하고, 행진할 때는 행렬이 흩어지지 않도록 주의를 기울여야 하며 전투에서는 진격과 중지를 잘 판단하여야 한다.

　무릇 전투에서 공경을 다하면 병사들이 겸손해지고, 솔선수범하면 병사들이 복종한다. 상관의 명령이 번잡하면 병사들이 가볍게 여기고, 상관이 한가하면 병사들이 행동이 무거워진다.

북소리가 급하면 병사들은 행동을 날래게 해야 하고, 북소리가 느리면 병사들은 행동을 느리게 해야 한다. 복장이 얇으면 병사들이 가볍게 움직일 수 있으며, 복장을 화려하게 꾸미면 병사들의 행동이 둔중해진다.

　무릇 말이 튼튼하고 수레가 견고하며 무기가 예리하면, 적은 병사로도 많은 적병을 상대할 수 있다.

　장수의 식견이 여러 병사 정도에 그친다면 승리를 얻을 수 없고, 상관이 전횡을 하면 많은 병사들이 죽고 만다. 상관이 자신만 살고자 하면 병사들이 많은 의심을 갖게 되고, 상관이 병사들을 죽도록 몰아붙이기만 하면 승리를 거둘 수 없다.

凡戰: 以輕行輕則危, 以重行重則無功, 以輕行重則敗, 以重行輕則戰. 故戰相爲輕重.

舍謹兵甲, 行愼行列, 戰謹進止.

凡戰: 敬則慊, 率則服. 上煩輕, 上暇重. 奏鼓輕, 舒鼓重. 服膚輕, 服美重.

凡馬車堅, 甲兵利, 輕乃重.

上同無獲; 上專多死, 上生多疑, 上死不勝.

【以輕行輕】 적은 병력으로 상대의 적은 병력을 상대함.

【以重行重】 많은 병력으로 상대의 많은 병력을 상대함.

【舍】 군대를 머물러 주둔함.

【慊】 만족함.

【率】 솔선수범함을 말함.

【膚】 바탕이 경박함.

【美】 본바탕이 중후함.

【生】 살기를 원하고 죽기를 싫어함.

【死】 죽기를 무릅쓰고 싸움.

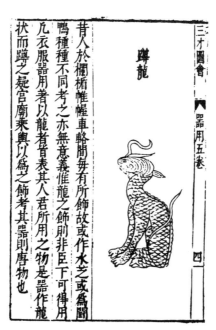

昔人於欄楯帷幄車輅間每有所飾故或作水芝或為鬭鴨種種不同考之亦無意義惟龍之飾則非臣下可得用凡衣服器用著以龍者皆表其人君所用之物是器作龍狀而鎮之疑宮廟乘輿以為之飾考其器則唐物也

三才圖會　器用五卷　四

蟠龍

《三才圖會》에 실려 있는 고대 각종 전투 장비

030(4-4)
병졸은 사랑으로 죽는다

무릇 병졸이란 사랑을 받아 죽는 것이며, 노기 때문에 죽는 것이며, 위협 때문에 죽는 것이며, 정의 때문에 죽는 것이며, 이익 때문에 죽는 것이다.

무릇 전투 방법에는 병사와의 약속을 가르쳐 병사들이 그 때문에 죽음을 가볍게 여기는 것이며, 도의로써 약속하기 때문에 병사들이 죽음을 정당하게 여기는 것이다.

무릇 전투에서 혹은 이기기도 하고 혹은 그렇지 못한 경우도 있으며, 혹은 천시를 타서 승리하기도 하고 혹은 인화를 바탕으로 승리하기도 한다.

무릇 전투에서 삼군三軍을 징계할 때는 사흘을 넘기기 않도록 하여야 하며, 하나의 병졸을 경계시킬 때도 반나절을 넘기지 않도록 할 것이며, 병졸 하나를 구금할 때도 아주 짧은 시간 이상을 끌어서도 안 된다.

凡人: 死愛, 死怒, 死威, 死義, 死利.

凡戰之道: 敎約人輕死, 道約人死正.

凡戰: 若勝若否, 若天若人.

凡戰: 三軍之戒, 無過三日; 一卒之警, 無過分日; 一人之禁, 無過一息.

【死愛】 사랑을 받으면서 죽음.

【輕死】 죽음을 가볍게 여김.

【若】 '或'과 같은 뜻으로 봄.

【警】 경계, 경비.

【一息】 아주 짧은 순간. '瞬息'과 같은 뜻이 아닌가 함. 그러나 〈삼민본〉에는 '皆息'으로 되어 있음. 이 경우 '모두가 쉬고 있을 때'라는 뜻이 됨.

031(4-5)
승패는 장군 한 사람의 손에 달리다

　무릇 전투에서 가장 훌륭한 것은 근본(모책)을 사용하는 것이며, 그 다음에는 지엽적인 공전과 정벌의 방법을 사용하는 것이다.

　장수는 책략을 잡고 은미隱微함을 지켜야 한다. 본말은 오직 권변權變으로 하는 것이 작전의 기본이다.

　무릇 승리는 삼군의 전투에서도 장수 한 사람의 손에 달려 있다.

　무릇 진격에서의 북소리로 깃발을 흔들게 하고, 북으로 수레를 움직이게 하며, 북으로 말을 움직이게 하며, 북으로 보병을 움직이게 하고, 북으로 무기를 사용하게 하고, 북으로 대열을 바르게 갖추도록 하고, 북으로 전진 부대의 정지를 명하기도 한다. 이 일곱 가지 북으로 보내는 신호는 모두가 바르고 정확해야 한다.

　다음으로 전투에서는 이미 견고한 진용을 형성하였다면 다시 더 많은 병력을 보태지 않으며, 많은 병사로 적군을 진격할 때는 그들을 전부 투입하지는 않는다. 모두 투입했을 때는 위험해지기 때문이다.

무릇 전투란 진을 치는 것이 어려운 것이 아니라 사병들로 하여금 진을 치는 방법을 알도록 하는 것이 어렵다. 진을 치는 방법을 아는 것이 어려운 것이 아니라 그 진을 활용하도록 하는 것이 어렵다. 그 진용의 사용방법을 알도록 하는 것이 어려운 것이 아니라 이를 실행하는 것이 어렵다.

　출신 지역이 다른 병사들은 서로 다른 성격을 가지고 있으며, 그 성격은 각 출신 주州에 따라 다르다. 이들에게는 교육을 통하여 습속을 이루도록 해 주어야 한다. 그 풍속도 각 주마다 다르니 도道로써 이들을 교화시켜야 한다.

凡大善用本, 其次用末. 執略守微, 本末唯權, 戰也.

凡勝: 三軍一人勝.

凡鼓: 鼓旌旗, 鼓車, 鼓馬, 鼓徒, 鼓兵, 鼓首, 鼓足, 七鼓兼齊.

凡戰: 旣固勿重, 重進勿盡, 凡盡危.

凡戰: 非陳之難, 使人可陳難; 非使可陳難, 使人可用難; 非知之難, 行之難.

人方有性, 性州異, 敎成俗, 俗州異, 道化俗.

【本】근본. 智謀와 謀策을 뜻함.

【末】근본이 아닌 것. 여기서는 攻伐과 征戰 등을 뜻함.

【三軍一人勝】삼군이 단결함이 마치 한 사람과 같으면 승리를 얻을 수 있음을 뜻함. 혹 삼군의 승리는 오로지 지도자 한 사람에게 있다는 뜻으로도 해석함.

【鼓首】북소리 신호에 맞추어 대형이 바르게 정리됨.

【鼓足】북소리에 맞추어 전진과 정지, 움직임과 행동이 통일됨.

【重】병력을 강화시킴.

【重進】많은 병력으로 진격해 나감.

【可陳】포진의 방법을 파악하고 있음.

【性】성격. 각 출신 지역에 따라 특징과 성품이 다름.

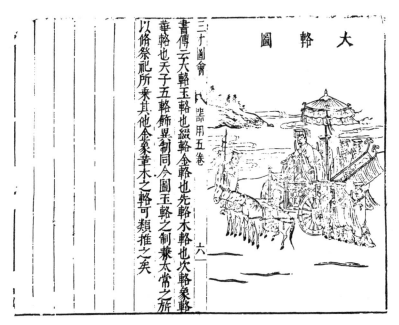

以脩祭祀所乘其他金象革木之輅可類推之矣
書傳云天輅玉輅也綴輅金輅也先輅木輅也次輅象輅
華輅也天子五輅飾異制同今圖玉輅之制兼太常之旂
三十圖會　　　六一
大　輅　圖
噐用五卷

《三才圖會》에 실려 있는 고대 각종 전투 장비

장수는 같은 실수를 반복하지 않는다

무릇 전쟁에서 군사의 숫자의 많고 적음에 따라 승리하기도 하고 패배하기도 한다. 병기에 대하여 그를 날카롭게 하도록 지시하지 않거나 갑옷을 견고하게 하도록 하지 않거나, 수레를 튼튼하게 하지 않거나, 말을 훌륭하게 훈련시키지 않으면, 숫자의 많고 적음이 곧 승리의 관건이 되지는 않는다.

무릇 전투에서 승리하였다면, 이를 여러 군사들과 그 잘한 것을 나누어야 한다. 장수가 다시 전투를 벌이고자 하면, 그들에게 그에 맞는 큰 상과 벌을 분명히 해야 한다. 만약 그들에게 승리를 거둘 조건을 만들어 주지 못하였다면, 이는 모두가 자신에게 그 과실이 있음을 인정해야 한다. 이리하여 다시 전투를 벌인다면 앞서 있었던 공과를 따져 맹세하고 그때 잘못한 전술은 다시 사용하지는 않는다.

승패를 떠나 똑같은 일을 반복하지 않는 것을 일러 '정칙正則'이라 한다.

凡衆寡, 若勝若否. 兵不告利, 甲不告堅, 車不告固, 馬不告良, 衆寡
自多, 未獲道.

凡戰: 勝則與衆分善; 若將復戰, 則重賞罰; 若使不勝, 取過在己;
復戰, 則誓以居前, 無復先術. 勝否勿反, 是謂正則.

【勝否】승리함과 그렇지 못함. 勝負, 勝敗와 같음.

【告】분부함. 알려 고함.

【自多】스스로 증가시킴.

【已】'以'와 같음.

【先術】먼저 서둘러야 할 전술.

【反】위배됨. 위반함.

결단은 지혜로, 전투는 용맹으로

　무릇 사병은 어짊仁이라는 것으로 교화시키고, 정의義라는 것 때문에 전쟁을 하며, 지혜智로써 결단을 내리며, 용기勇로써 전투를 벌이며 믿음信으로써 의견을 일치시키고, 이익利으로써 권하며 공功으로써 승리를 거두는 것이다.

　그러므로 그들이 가진 마음은 어짊에 맞아야 하며 행동은 정의에 맞아야 한다. 사물을 처리하는 일을 감당하는 것은 지혜이며, 큰일을 감당해 내는 것은 용기이며, 지속적으로 이끌어 나가게 하는 것은 믿음이다.

　화합으로 양보하면 병사들의 마음이 자연히 융합될 것이며, 과실의 책임을 모두 자신에게 돌려 병사들로 하여금 어진 이를 본받아 이를 표준으로 삼도록 하면 그들 마음이 즐거워질 것이며, 그 힘에 효과를 얻을 수 있을 것이다.

　무릇 작전이란 상대가 미약할 때 공격하다가도 진정하여 공격을 그치기도 하며, 상대가 강하여 전투를 피할 때라도 고요히 진정하여야 한다.

　그리고 상대가 피로에 지쳤을 때 그 틈을 타서 공격하는 것이며, 상대가 한가하면서도 날랠 때에는 그들을 피하여야 한다. 적이 크게 두려움에 떨고 있을 때를 틈타 공격하며, 적이 겁을 내고 있지 않을 때는 이를 피하여야 한다. 이것이 예로부터 내려오는 작전 방법이다.

凡民: 以仁救, 以義戰, 以智決, 以勇鬪, 以信專, 以利勸, 以功勝. 故心中仁, 行中義, 堪物智也, 堪大勇也, 堪久信也. 讓以和, 人自治. 自予以不循, 爭賢以爲人, 說其心, 效其力.

凡戰: 擊其微靜, 避其强靜. 擊其倦勞, 避其閑窕. 擊其大懼, 避其小懼. 自古之政也.

【專】 하나로 전심하여 뜻을 모음.
【堪】 견뎌 냄. 일이나 업무를 수행해 냄.
【自予以不循】 제대로 처리되지 못함을 자신에게 돌림. 자신의 과실을 인정함.
【爭賢】 똑똑하고 훌륭한 이를 드러내어 표준으로 삼음.
【微靜】 미약한 적을 칠 때라도 때로는 진정하여 공격을 멈추기도 함.
【强靜】 병력이 강할지라도 침착하게 적을 대함.
【窕】 매우 민첩함을 뜻함.
【小懼】 행동을 조심하여 적을 경계함.

사마법

5. 용중用衆

　'용중用衆'은 많은 무리의 군사를 사용함을 뜻한다. 《손자孫子》
모공편謀攻篇에는 '병력의 많고 적음을 잘 활용할 줄 아는 자가
승리한다識衆寡之用者勝'라 하였다. 이 편 역시 첫 구절의 일부를
제목으로 삼은 것이며 전체의 내용이 일관된 것은 아니다. 그러나
병력의 중과衆寡에 대한 언급이 주를 이루고 있으며, 유리한 지형의
선점, 적정 관찰, 진격과 퇴각 등에 대한 문제를 다루고 있다.

적이 달아날 구멍을 열어 주어라

　무릇 작전 방법에는 병력이 적으면 진영을 견고히 해야 하며, 많은 병력을 운용할 때라면 일사분란하게 다스림을 원칙으로 해야 한다. 숫자가 적으면 작전을 민첩하게 하기에 유리하고 숫자가 많으면 정정당당한 위세를 보이기에 유리하다. 많은 무리를 쓸 때는 진격하고 멈추기에 유리하고, 적은 무리로 작전을 펼 때는 진격하고 퇴각하기에 유리하다. 많은 무리의 아군으로 적은 수의 적과 합전合戰할 때라면, 먼 곳으로부터 포위하여 묶어 들어가되 그들의 퇴로를 열어 두어야 한다.

　만약 아군의 병사를 나누어 차례대로 적을 공격해야 하는 경우라면, 적은 숫자로 많은 수를 상대하게 하되 만약 적군은 너무 많고 아군은 너무 적다고 의구심을 가지면 아군은 비상작전을 써야 승리할 수 있다.

　이미 유리한 지형을 점거하고 있는 적을 상대하여 전투를 해야 할 경우라면, 아군의 깃발을 버리고 거짓으로 패하여 물러나는 모습으로 적을 유인한 연후에 그들 선봉을 맞아 반격해야 한다. 만약 적군이 수가 많다면, 적의 정세를 자세히 살펴 포위당했을 때를 준비하여 작전 계획을 마련해야 한다.

　만약 적군이 수가 적으면서 두려움에 떨고 있다면, 그 예봉은 피하고 그들이 달아날 길을 열어 주어야 한다.

凡戰之道; 用寡固, 用衆治; 寡利煩, 衆利正. 用衆進止, 用寡進退.
衆以合寡, 則遠裹而闕之.

若分而迭擊, 寡以待衆, 若衆疑之, 則自用之. 擅利則釋旗, 迎而反之.
敵若衆, 則相衆而受裹; 敵若寡若畏, 則避之開之.

【煩】 전술이 다양함을 뜻함.

【合寡】 아군의 많은 수와 적은 수의 적이 맞붙어 전투를 벌임. '合'은 '交'와
 같음. 合戰, 交戰의 뜻.

【遠裹】 먼 곳으로부터 포위함. 포위의 범위를 멀리서부터 시작함.

【闕】 闕口, 포위를 빠져 나갈 구멍. 빈틈. '缺口'와 같음.

【迭】 차례대로 교체함. 順番대로 함.

【擅利】 유리한 위치나 지형을 점거함.

【反】 반격.

【畏】 전멸할 것을 겁내며 이러한 적은 오히려 완강하게 저항하게 됨을 말함.
 따라서 일단 퇴로를 열어 주고, 그 다음 작전을 수립해야 함.

035(5-2)
실제 상황에서의 판단력

　무릇 전투에서는 바람을 등지고 높은 지형을 뒤로 하여야 하며 오른쪽은 높고 왼쪽은 험한 지형을 택해야 한다. 풀이나 물이 많은 지역은 서둘러 통과하고, 무너진 곳도 급히 지나 거북등과 같이 사방은 낮고 가운데가 높은 곳에 야영지를 마련해야 한다.

　무릇 작전에서 대열을 설정하고 적의 동향을 살핀 다음 적의 거동을 근거로 다시 그에 상응하는 행동을 취하여야 한다. 적군이 우리의 공격을 기다리고 있을 때는 공격 명령을 내리지 말고, 그들 많은 무리가 하는 동작을 기다리며 지켜보아야 한다. 그러다가 그들이 공격해 오면 아군의 병력을 집중시켜 기회를 엿보아 결전을 벌여야 한다.

무릇 전투에서는 우선 먼저 아군의 적은 수로 또는 많은 수로써 적의 반응과 변화를 살펴본 다음, 아군을 진격시키고 퇴각시켜 그들의 견고한 정도를 관찰하여야 한다. 그들에게 다가가 위험한 처지에 빠지도록 하여 그들이 그 상황에서 어느 정도 두려워하는지를 살피고, 아군이 고요히 멈출 때 그들이 얼마나 태만한지를 살피며, 아군이 움직일 때 그들이 어느 정도 의심을 하는지, 아군이 습격할 때 그들이 어느 정도 대책을 세우는지를 관찰하여야 한다.

　그리고 나서 그들이 의혹을 가질 때 습격하되, 거기에 갑작스러운 의외의 작전을 가미하여 그들이 굴복할 수밖에 없도록 하며, 그들의 기본 모책을 쳐서 무너뜨려야 한다.

　그들이 피하지 않고 맞서는 상황을 근거로 그들의 기도를 저지하고, 그들의 대책을 빼앗아 버리며, 그들이 겁내는 기회를 틈타야 한다.

凡戰: 背風背高, 右高左險, 歷沛歷圮, 兼舍環龜.

凡戰: 設而觀其作, 視敵而擧.

待則循而勿鼓, 待衆之作. 攻則屯而伺之.

凡戰: 衆寡以觀其變, 進退以觀其固, 危而觀其懼, 靜而觀其怠, 動而觀其疑, 襲而觀其治. 擊其疑, 加其卒, 致其屈, 襲其規. 因其不避, 阻其圖, 奪其慮, 乘其懾.

【歷沛】물이나 풀이 있는 지형은 빠른 속도로 통과함. '沛'는 沼澤地를 뜻함. '歷'은 '통과하다'의 뜻.

【圮】무너지고 붕괴된 곳.

【環龜】사방이 험한 지형이며 가운데가 높아 지켜낼 수 있는 땅. '龜'는 사방 주위가 낮고 가운데가 높은 지형을 뜻함.

【設】진열과 대오를 설치함.

【待則循而勿鼓】적이 아군을 기다리고 있을 때는 공격하지 않음. '鼓'는 공격을 시작함을 뜻함.

【屯】병력을 집중시킴.

【卒】'猝'과 같음. '갑자기'의 뜻.

【屈】위축되어 역량을 펴지 못함.

【不避】적군이 아군의 예봉을 피하지 아니하고 감히 맞섬.

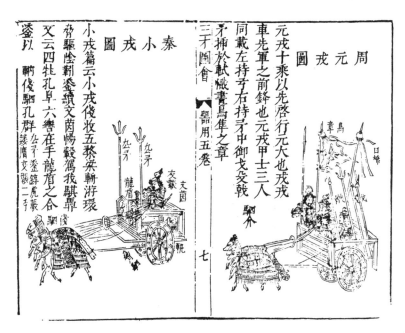

《三才圖會》에 실려 있는 고대 각종 전투 장비

036(5-3)
안전한 퇴로 확보

무릇 도망가는 적은 숨 쉴 틈을 주지 말아야 한다. 그러나 그들이 도망가다가 혹 잠시 멈추어 길에서 쉬고 있다면 다른 의도를 가지고 있는지 고려해야 한다.

무릇 적의 도읍 가까이까지 접근해 들어갔다면 반드시 진군의 길을 잘 살펴야 하며 물러설 때는 반드시 안전한 퇴로를 고려해 두어야 한다.

무릇 전투란 적군보다 앞서 행동을 취하면 아군이 피로에 지치기 마련이며, 적군보다 뒤늦게 행동을 개시하면 두려움에 떨게 된다. 그리고 휴식 중에는 태만하게 되며, 휴식 시간을 주지 않으면 역시 피로에 지치게 된다. 그러나 휴식 시간을 너무 많이 주어도 역시 도리어 두려움을 갖게 된다.

원정 중에 가족과의 서신은 끊어 버려야 하나니, 이는 그들로 하여금 고향과 친척을 그리워하고 염려하는 마음을 끊게 하기 위해서이다.

그리고 훌륭한 병사를 선발하고, 그 다음에 그들에게 좋은 무기를 주어야 하나니, 이는 더욱 병사를 강하게 하기 위해서이다.

지니고 다니는 장비를 버리고 식량도 줄이는 것은, 병사들의 결사의 의지를 열어 주기 위해서이다.

이는 예로부터 내려오는 전쟁 방법이다.

凡從奔勿息. 敵人或止於路, 則慮之.

凡近敵都, 必有進路; 退, 必有返慮.

凡戰: 先則弊, 後則惰, 息則怠, 不息亦弊, 息久亦反其懾.

書親絶, 是謂絶顧之慮.

選良次兵, 是謂益人之强.

棄任節食, 是謂開人之意.

自古之政也.

【從奔】궤멸하여 달아나는 적을 추격함.

【反慮】되돌아갈 것을 염려함.

【書】편지, 서신.

【顧】고향으로 돌아가고 싶어하는 심정.

【次兵】구체적으로 알 수 없으나 병기를 쥐고 있는 병사를 뜻하는 말로 봄.

【任】지니고 다니는 여러 가지 병기와 군수품. 짐. 병사들의 군수용 장비.

사마법

부 록

◉ 역대 《司馬法》司馬穰苴 관련 기록들

◉ 《司馬法》逸文

I. 《史記》 司馬穰苴列傳

司馬穰苴者, 田完之苗裔也. 齊景公時, 晉伐阿‧甄, 而燕侵河上, 齊師敗績. 景公患之. 晏嬰乃薦田穰苴曰:「穰苴雖田氏庶孽, 然其人文能附衆, 武能威敵, 願君試之.」景公召穰苴, 與語兵事, 大說之, 以爲將軍, 將兵扞燕晉之師. 穰苴曰:「臣素卑賤, 君擢之閭伍之中, 加之大夫之上, 士卒未附, 百姓不信, 人微權輕, 願得君之寵臣, 國之所尊, 以監軍, 乃可.」於是景公許之, 使莊賈往. 穰苴既辭, 與莊賈約曰:「旦日日中會於軍門.」穰苴先馳至軍, 立表下漏待賈. 賈素驕貴, 以爲將己之軍而己爲監, 不甚急; 親戚左右送之, 留飮. 日中而賈不至. 穰苴則仆表決漏, 入, 行軍勒兵, 申明約束. 約束既定, 夕時, 莊賈乃至. 穰苴曰:「何後期爲?」賈謝曰:「不佞大夫親戚送之, 故留.」穰苴曰:「將受命之日則忘其家, 臨軍約束則忘其親, 援枹鼓之急則忘其身. 今敵國深侵, 邦內騷動, 士卒暴露於境, 君寢不安席, 食不甘味, 百姓之命皆懸於君, 何謂相送乎!」召軍正問曰:「軍法期而後至者云何?」對曰:「當斬.」莊賈懼, 使人馳報景公, 請救. 既往, 未及反, 於是遂斬莊賈以徇三軍. 三軍之士皆振慄. 久之, 景公遣使者持節赦賈, 馳入軍中. 穰苴曰:「將在軍, 君令有所不受」問軍正曰:「馳三軍法何?」正曰:「當斬.」使者大懼. 穰苴曰:「君之使不可殺之.」乃斬其僕, 車之左駙, 馬之左驂, 以徇三軍. 遣使者還報, 然後行. 士卒次舍井竈飮食問疾醫藥, 身自拊循之. 悉取將軍之資糧享士卒, 身與士卒平分糧食. 最比其羸弱者, 三日而後勒兵. 病者皆求行, 爭奮出爲之赴戰. 晉師聞之, 爲罷去. 燕師聞之, 度水而解. 於是追擊之, 遂取所亡封內故境而引兵歸. 未至國, 釋兵旅, 解約束, 誓盟而後入邑. 景公與諸大夫郊迎, 勞師成禮, 然後反歸寢. 既見穰苴, 尊爲大司馬. 田氏日以益尊於齊.

已而大夫鮑氏, 高‧國之屬害之, 譖於景公. 景公退穰苴, 苴發疾而死. 田乞‧田豹之徒由此怨高‧國等. 其後及田常殺簡公, 盡滅高子‧國子之族. 至常曾孫和, 因自立爲齊威王, 用兵行威, 大放穰苴之法, 而諸侯朝齊.

齊威王使大夫追論古者《司馬兵法》而附穰苴於其中, 因號曰《司馬穰苴兵法》.

太史公曰: 余讀《司馬兵法》, 閎廓深遠, 雖三代征伐, 未能竟其義, 如其文也, 亦少褒矣. 若夫穰苴, 區區爲小國行師, 何暇及《司馬兵法》之揖讓乎? 世既多《司馬兵法》, 以故不論, 著穰苴之列傳焉.

사마양저司馬穰苴는 전완田完의 먼 후손이다. 제齊나라 경공景公 때 진晉나라는 아阿와 견甄 땅을 공격해 오고, 연燕나라는 하상河上을 침범하여 제군齊軍이 패배하였다. 경공이 근심하자 안영晏嬰이 전양저田穰苴를 추천하였다.

"양저는 전씨 집안의 서얼이지만 그의 글은 능히 많은 사람은 끌어들이고 그의 무예는 능히 적을 놀라게 할 만합니다. 원컨대 임금께서 시험해 보시기 바랍니다."

경공은 양저를 불러 그와 군사에 대하여 말을 나누어 보고는 크게 만족하였다. 이에 그를 장군으로 삼아 군사를 이끌고 연·진의 군사를 막도록 하였다.

양저가 임금에게 말하였다.

"신은 원래 비천한 자입니다만 왕께서 저를 백성과 오졸伍卒 가운데에서 뽑아 대부의 윗자리에 처하도록 하셨으나 병졸들은 아직 저에게 다가오지 아니하고 백성들도 저를 신임하지 않고 있습니다. 이처럼 신분이 미천하고 권세가 가벼우니 원컨대 왕께서 총애하시고 백성들에게도 존경받는 신하 하나를 시켜 저의 군사를 감독케 하여 주시면 될 것입니다."

이에 경공은 이를 허락하고 장가莊賈를 시켜 그 일을 하도록 하였다. 양저는 경공에게 떠나는 인사를 드리고 나서 장가와 이렇게 약속하였다.

"내일 정오에 군영에서 만납시다."

이튿날 양저는 먼저 군영으로 달려가 해시계를 세우고 물시계를 걸어 놓은 다음 장가를 기다렸다. 장가는 본디 교만한 자로서 이때도 장수는 자신의 군대요, 자신은 그 군대의 감독이니, 급히 서두를 것이 없다고 여겨 친척과 친구들의 송별을 받으며 머물러 술을 마시고 있었다.

정오가 되어도 장가가 오지 않자 양저는 해시계를 엎어 버리고 물시계를 쏟아 버린 다음, 들어가 군영을 순시하고 군사를 정돈하여 지켜야 할 군령을 시달하였다. 약속이 이미 확정되고 저녁때가 되어서야 겨우 장가가 나타났다. 양저가 물었다.

"어째서 이렇게 늦었소?"

장가가 말하였다.

"못난 제가 대부와 친척들이 송별이 있어 그 때문에 이처럼 늦었습니다."

양저는 이렇게 말하였다.

"장군이란 명령을 받은 날이면 집을 잊고, 군영에 이르러 군령을 약속하고 나면 어버이도 잊어야 하며, 북채를 잡고 북을 치며 급히 공격할 때면 자신을 잊어버려야 하는 것이오! 지금 적이 깊숙이 침입하여 나라가 소란하고 사병들은 국경을 지키느라 몸을 햇볕에 드러낸 채 고생하고 있소. 왕께서는 자리에 누워서도 편한 잠을 자지 못하고 음식을 먹어도 맛을 모르며, 백성들의 목숨은 모두 당신에게 달려 있는 이때에 송별회라니 그 무슨 말이오!"

그리고는 군정軍正을 불러 물었다.

"군법에 기한을 어겼을 때의 죄는 무엇인가?"

그가 대답하였다.

"참수에 해당합니다."

장가는 겁을 먹고 사자를 시켜 말을 달려 경공에게 알리며 구원을 청하였다. 양저는 사자가 떠나고 아직 돌아오지 않았을 때 드디어 장가를 베어 버리고 이를 삼군에 널리 알려 버렸다. 삼군의 병사들은 모두 두려워 떨었다.

한참 뒤에 경공이 보낸 사자가 장고를 사면하라는 부절을 가지고 말을 달려 군영 안으로 들이닥쳤다. 양저가 사자에게 말하였다.

"장수가 진중에 있을 때에는 임금의 명령이라 할지라도 받들지 않을 수 있는 것이 있소."

그리고는 다시 군정에게 물었다.

"삼군의 군영 안으로 말을 달려 들어오는 경우의 죄는 어떤 것인가?"

군정이 대답했다.

"참수에 해당합니다."

이 말을 들은 사자는 크게 겁을 냈다. 그러자 양저가 말했다.

"임금의 사자는 죽일 수 없다."

그리고는 그 사자를 태워 온 수레의 마부와 수레의 왼편 곁나무와 왼편의 곁말을 베어 전군에 본보기로 하였다. 양저는 사자를 보내어 경공에게 이 사실을 보고하게 하고는 드디어 싸움터로 출동하였다.

양저는 병사들의 숙사·우물·아궁이·음식을 비롯하여 문병·의약에까지 모두 몸소 마음을 쓰고 장군에게 주어지는 급비는 모두 병사들에게로 베풀어 주었다. 자신도 병사들과 양식을 같이 하되 가장 허약한 병사의 분량과 똑같이 하였다. 이렇게 하자 3일 만에 다시 군사를 정비하게 되었고, 병자까지도 모두 출동을 같이 하기를 원하여 앞을 다투어 분발해서 싸움터로 나아갔다.

진나라 군사들이 이를 듣자 싸움을 그치고 물러났으며, 연나라 군사도 이를 듣고 황하를 건너 해산하였다. 이에 양저는 이들을 추격하여 잃었던 땅을 되찾고 군사를 인솔하여 돌아왔다. 그리고 도성에 닿기 전에 대오를 풀고 군령을 해제하고 임금에 대한 충성을 맹세한 다음 도성으로 들어왔다.

경공은 대부들과 함께 교외로 나와 군사들을 맞이하여 위로하고 개선의 예를 행하였다. 이어 궁궐로 돌아와 양저를 맞이하고 그를 대사마大司馬로 높여 임명하였다. 그리하여 전씨는 제나라에서 날로 존경을 받는 사람이 되었다.

얼마 후 대부 포씨鮑氏·고씨高氏·국씨國氏 무리들이 양저를 음해하여 경공에게 양저를 헐뜯었다. 경공은 양저를 물러나게 하였으며 양저는 끝내 병으로 죽고 말았다. 양저의 일족인 전걸田乞·전표田豹의 무리들은 이 일로 해서 고씨·국씨의 일족을 원망하였다. 그 뒤, 전상田常이 간공簡公을 죽였을 때에 고씨·국씨의 일족을 모두 죽였다. 전상의 증손 전화田和에 이르러 자립하여 그 손자 전인田因이 제나라 위왕威王이 되었다. 제 위왕은 군사를 움직이고 위력을 보이는 일에 양저의 방법을 많이 모방하였으며, 그리하여 제후들은 모두 제나라에 조공을 하며 받들게 되었던 것이다.

제 위왕은 대부들에게 명하여 옛날의 《사마병법》을 연구하게 하고, 거기에 양저의 병법을 더하여 책을 모아 《사마양저병법司馬穰苴兵法》이라 하였다.

나 태사공은 말한다.

나는 《사마병법》을 읽어 보았더니 그 내용은 범위가 넓고 크며, 사상이 심원하여, 하·은·주 3대의 성왕들도 전쟁에서 이토록 심원한 의의를 선양했다고는 말하기 어렵다. 그러나 문장은 좀 과장된 바도 없지 않다.

만약 무릇 양저 같은 인물이라면 보잘 것 없는 작은 제나라에서 군사를 움직였을 뿐이니 어느 겨를에 《사마병법》을 우러러볼 수 있었겠는가? 세상에는 이미 《사마병법》이 많이 있으므로 여기서는 더 논하지 않기로 하고 양저의 열전만을 기록한다.

Ⅱ. 《晏子春秋》卷五(內篇 雜上)

景公飮酒, 夜移于晏子之家, 前驅款門曰:「君至!」晏子被玄端, 立于門,
曰:「諸侯得微有故乎? 國家得微有事乎? 君何爲非時而夜辱?」公曰:「酒醴
之味, 金石之聲, 願與夫子樂之.」晏子對曰:「夫布薦席, 陳簠簋者, 有人,
臣不敢與焉.」公曰:「移于司馬穰苴之家.」前驅款門曰:「君至!」穰苴介
胄操戟, 立于門曰:「諸侯得微有兵乎? 大臣得微有叛者乎? 君何爲非時而
夜辱?」公曰:「酒醴之味, 金石之聲, 願與夫子樂之.」穰苴對曰:「夫布
薦席, 陳簠簋者, 有人, 臣不敢與焉.」公曰:「移于梁丘據之家.」前驅款門曰:
「君至!」梁丘據左操瑟, 右挈竽, 行歌而出. 公曰:「樂哉! 今夕吾飮也. 微彼
二子者, 何以治吾國? 微此一臣者, 何以樂吾身?」君子曰:「聖賢之君, 皆有
益友, 無偸樂之臣. 景公弗能及, 故兩用之, 僅得不亡.」

경공이 술을 마시다가 밤이 되자 안자의 집으로 술자리를 옮겨 즐거움을
계속하려 하였다. 앞에 선 심부름꾼이 안자의 문 앞에 이르러 이렇게
알렸다.

"임금이 오십니다!"

안자는 현단玄端을 걸치고 문 앞에 서서 물었다.

"제후들에게 무슨 일이 있는 것은 아니겠지요? 국가에 무슨 일이
있는 것은 아니겠지요? 임금께서는 어찌 때도 아닌 밤중에 이렇게
욕된 일을 하십니까?"

경공이 대답하였다.

"좋은 술맛과 훌륭한 음악이 있어 원컨대 선생과 함께 즐기고 싶어서
왔소."

안자는 거절하였다.

"자리를 깔고 술그릇을 마련하는 일은 따로 임무를 맡은 사람이
있습니다. 저는 감히 그런 일에 관여할 수 없습니다."

임금은 할 수 없이 발길을 돌렸다.

"사마양저司馬穰苴의 집으로 옮기자."

앞에 선 심부름꾼이 알렸다.

"임금님이 오십니다!"

양저는 갑옷과 투구를 갖추고 창을 잡고 문 앞에 서서 물었다.

"제후들에게 무슨 군사 행동이 일어난 것은 아니겠지요? 대신들 중에 누가 반란이라도 일으킨 것도 아니겠지요? 임금께서는 어찌 때도 아닌 이 밤중에 욕을 보십니까?"

임금은 똑같이 말하였다.

"좋은 술맛과 멋진 음악을 선생과 함께 즐기고 싶어서 왔소."

사마양저도 이렇게 거절하는 것이었다.

"술자리를 맡아 드리는 일과 술그릇을 마련해 드리는 일은 따로 사람이 있습니다. 저는 감히 그런 일에 참여할 수가 없습니다."

경공은 다시 양구거梁丘據를 찾았다.

"양구거의 집으로 가자."

앞선 자가 역시 문 앞에 이르러 이렇게 알렸다.

"임금이 오십니다!"

양구거는 왼손에는 거문고를 오른손에는 우竽를 들고 노래를 부르며 나오는 것이었다. 임금은 신이 났다.

"신나도다! 오늘 저녁의 술자리여. 두 사람이 없었다면 어찌 이 나라를 다스릴 수 있겠으며 이 한 사람이 없었다면 누구와 내 자신을 즐길 수 있겠는가?"

군자가 이를 듣고 이렇게 평하였다.

"성스럽고 어진 임금에게는 모두가 유익한 친구만 있지 놀기를 좋아하는 신하는 없었다. 경공은 그에 미치지 못한다. 그 때문에 두 사람을 등용하므로 해서 겨우 망하지는 않을 수 있었던 것이다."

Ⅲ.《說苑》正諫篇

景公飲酒, 移於晏子家, 前驅報閭曰:「君至」. 晏子被玄端立於門曰:「諸侯得微有故乎? 國家得微有故乎? 君何爲非時而夜辱?」公曰:「酒醴之味, 金石之聲, 願與夫子樂之.」晏子對曰:「夫布薦席, 陳簠簋者有人, 臣不敢與焉.」公曰:「移於司馬穰苴之家.」前驅報閭曰:「君至」. 司馬穰苴介胄操戟立於門曰:「諸侯得微有兵乎? 大臣得微有叛者乎? 君何爲非時而夜尋?」公曰:「酒醴之味, 金石之聲, 願與夫子樂之.」對曰:「夫布薦席, 陳簠簋者有人, 臣不敢與焉.」公曰:「移於梁丘據之家.」前驅報閭曰:「君至」. 梁丘據左操瑟, 右挈竽; 行歌而至, 公曰:「樂哉! 今夕吾飲酒也, 微彼二子者何以治吾國! 微此一臣者何以樂吾身!」賢聖之君皆有益友, 無偸樂之臣. 景公弗能及, 故兩用之, 僅得不亡.

경공景公이 술을 마시다가 안자晏子의 집으로 옮겨 계속해서 술을 더 마시고자 그리고 갔다. 심부름꾼이 먼저 안자의 집에 이르러 알렸다.

"임금께서 오십니다."

안자가 현단玄端을 걸친 채 문 앞에서 임금에게 이렇게 말하였다.

"다른 제후들 나라에 아무 일 없습니까? 이 나라에도 아무 일 없습니까? 임금께서는 무슨 일로 때도 아닌 때에 이렇게 밤에 욕된 일을 하십니까?"

경공이 말하였다.

"술맛과 음악 소리에 그대 생각이 나서 왔소. 선생과 함께 즐기고 싶어서 찾아왔소!"

그러자 안자가 거부하였다.

"무릇 좋은 자리를 깔아 놓고 훌륭한 그릇에 시중드는 사람이 옆에 있다 해도 저는 감히 참여하고 싶지 않습니다."

이에 경공은 말머리를 돌렸다.

사마양저司馬穰苴의 집으로 가자."

역시 앞서 간 심부름꾼이 알렸다.

"임금께서 오십니다."

사마양저는 갑옷과 투구를 쓴 채 창을 들고 문 앞에 서서 이렇게 물었다.

"제후들 사이에 아무런 전쟁 소식이 없겠지요? 대신들 중에 무슨 반란을 일으킨 자가 없겠지요? 임금께서는 무슨 일로 때도 아닌데 밤에 이렇듯 욕된 일을 하십니까?"

경공은 역시 똑같은 말을 하였다.

"술과 음악이 너무 좋아 그대와 함께 즐기러 왔소!"

사마양저 역시 똑같이 거부하였다.

"좋은 자리에 좋은 그릇에 사람까지 있다 해도 신은 감히 동참하지 못하겠습니다."

경공은 할 수 없이 다시 말머리를 돌려야 하였다.

"양구거梁丘據의 집으로 옮기자!"

역시 심부름꾼이 먼저 달려가 알렸다.

"임금께서 납십니다."

이에 양구거는 왼손으로는 거문고를 잡고 오른손으로는 우竽라는 악기를 켜면서 노래를 부르며 나오는 것이었다. 이를 본 경공이 신이 나서 이렇게 말하였다.

"즐겁도다! 오늘 저녁 나의 술맛이여! 앞서의 두 사람이 없었다면 나라는 어떻게 다스릴 수 있었으며, 또한 이런 신하가 없었다면 내 몸이 무엇을 낙으로 삼을 수 있으리오?"

어질고 훌륭한 임금에게는 모두가 도움 되는 친구일 뿐, 즐거움에만 빠지게 하는 신하는 없었다. 경공은 그런 어진 임금에 미치지 못하였다. 그래서 그나마 두 가지는 다 겸용할 수 있는 정도는 되었기에 겨우 망하지는 않았던 것이다.

Ⅳ. 《周禮》夏官 大司馬·小司馬

大司馬之職, 掌建邦國之九法, 以佐王平邦國: 制畿封國, 以正邦國; 設儀辨位, 以等邦國; 進賢興功, 以作邦國; 建牧立監, 以維邦國; 制軍詰禁, 以糾邦國; 施貢分職, 以任邦國; 簡稽鄉民, 以用邦國; 均守平則, 以安邦國; 比小事大, 以和邦國.

以九伐之法正邦國: 馮弱犯寡則眚之, 賊賢害民則伐之, 暴內陵外則壇之, 野荒民散則削之, 負固不服則侵之, 賊殺其親則正之, 放弒其君則殘之, 犯令陵政則杜之, 外內亂鳥獸行則滅之.

正月之吉, 始和, 布政于邦國都鄙, 乃縣政象之法于象魏, 使萬民觀政象, 挾日而斂之.

乃以九畿之藉施邦國之政職: 方千里曰國畿, 其外方五百里曰候畿, 又其外方五百里曰甸畿, 又其外方五百里曰男畿, 又其外方五百里曰采畿, 又其外方五百里曰衛畿, 又其外方五百里曰蠻畿, 又其外方五百里曰夷畿, 又其外方五百里曰鎮畿, 又其外方五百里曰蕃畿.

凡令賦, 以地與民制之. 上地, 食者參之二, 其民可用者家三人; 中地, 食者半, 其民可用者二家五人; 下地, 食者參之一, 其民可用者家二人.

中春, 教振旅, 司馬以旗致民, 平列陳, 如戰之陳, 辨鼓鐸鐲鐃之用: 王執路鼓, 諸侯執賁鼓, 軍將執晉鼓, 師帥執提, 旅帥執鼙, 卒長執鐃, 兩司馬執鐸, 公司馬執鐲. 以教坐作進退疾徐疏數之節, 遂以蒐田, 有司表貉誓民. 鼓, 遂圍禁, 火弊, 獻禽以祭社.

中夏, 教茇舍, 如振旅之陳. 群吏撰車徒, 讀書契, 辨號名之用: 帥以門名, 縣鄙各以其名, 家以號名, 鄉以州名, 野以邑名, 百官各象其事, 以辨軍之夜事, 其他皆如振旅. 遂以苗田, 如蒐之法, 車弊, 獻禽以享礿.

中秋, 教治兵, 如振旅之陳, 辨旗物之用: 王載大常, 諸侯載旂, 軍吏載旗, 師都載旜, 鄉遂載物, 郊野載旐, 百官載旟, 各書其事與其號焉, 其他皆如振旅. 遂以獮田, 如蒐田之法, 羅弊, 致禽以祀祊.

中冬, 教大閱. 前期, 羣吏戒衆庶, 脩戰法, 虞人萊所田之野, 爲表, 百步則一, 爲三表, 又五十步爲一表, 田之日, 司馬建旗于後表之中, 羣吏以旗物鼓鐸鐲鐃, 各帥其民而致, 質明, 弊旗, 誅後至者. 乃陳車徒, 如戰之陳, 皆坐. 羣吏聽誓于陳前, 斬牲以左右徇陳曰:「不用命者斬之」中軍以鼙令鼓, 鼓人皆三, 鼓司馬振鐸, 羣吏作旗, 車徒皆作, 鼓行, 鳴鐸, 車徒皆行, 及表乃止. 三鼓, 攊鐸, 羣吏弊旗, 車徒皆坐. 又三鼓, 振鐸, 作旗, 車徒皆作, 鼓進, 鳴鐲, 車驟徒趨, 及表乃止, 坐作如初. 乃鼓, 車馳徒走, 及表乃止. 鼓戒三闋, 車三發, 徒三刺. 乃鼓退, 鳴鐃, 且卻, 及表乃止, 坐作如初. 遂以狩田, 以旌爲左右和之門. 羣吏各帥其車徒, 以叙和出. 左右陳車徒, 有司平之. 旗居卒間以分地, 前後有屯百步, 有司巡其前後. 險野, 人爲主. 易野, 車爲主. 旣陳, 乃設驅逆之車, 有司表貉于陳前. 中軍以鼙令鼓, 鼓人皆三鼓, 羣司馬振鐸, 車徒皆作, 遂鼓行, 徒銜枚而進. 大獸公之, 小禽私之, 獲者取左耳. 及所弊, 鼓皆駴, 車徒皆譟. 徒乃弊, 致禽饁獸于郊. 入獻禽以享烝.

及師·大合軍, 以行禁令, 以救無辜·伐有罪. 若大師, 則掌其戒令, 涖大卜, 帥執事涖釁主及軍器. 及致, 建大常, 比軍衆, 誅後至者. 及戰, 巡陳, 視事而賞罰. 若師有功, 則左執律, 右秉鉞, 以先, 愷樂獻于社. 若師不功, 則厭而奉主車. 王弔勞士庶子, 則相.

大役, 與慮事, 屬其植, 受其要, 以待攷而賞誅. 大會同, 則帥士庶子, 而掌其政令. 若大射, 則合諸侯之六耦. 大祭祀, 饗食, 羞牲魚, 授其祭. 大喪, 平士大夫. 喪祭, 奉詔馬牲.

小司馬之職掌. 凡小祭祀會同饗射師田喪紀掌其事如大司馬之法.

V.《先秦諸子繫年》司馬穰苴

《史記》言齊人著兵法, 尚有田穰苴. 穰苴之事, 昔人已辨之.(蘇子由《古史》曰:「太史公爲司馬穰苴傳, 世皆信之. 余以《春秋左氏》考之, 未有燕晉伐齊者也. 而《戰國策》稱司馬穰苴執政者也, 湣王殺之. 意者穰苴嘗爲湣王卻燕晉, 而戰國雜說遂以爲景公時耶?」葉水心《習學記言》曰:「左氏前後載齊事甚詳, 使有穰苴, 不應遺落. 況伐阿鄄, 侵河上, 皆景公時所無. 大司馬亦非齊官. 蓋作書之人夸大其詞, 而遷信之爾.」)

余讀其文, 疑亦田忌之誤傳也. 故曰「穰苴者, 田完之苗裔.」田忌爲田氏, 一似也.〈穰苴傳〉云:「晉伐阿甄, 燕侵河上」, 而田忌勝馬陵,《正義》引「虞喜《志林》曰: 馬陵在濮州甄城縣東北六十里, 有陵, 澗谷深峻, 可以置伏.」鄄甄爲一地, 二似也. 其勝敵而歸也,「未至國, 釋兵旅, 解約束, 誓盟而後入邑.」《史》稱田忌勝馬陵, 孫臏勸之無解兵入齊, 忌不聽, 三似也.「已而大夫鮑氏高國之屬害之, 譖之於景公, 景公退穰苴」, 與田忌之見構於成侯, 四似也.「齊威王用兵行法, 大放穰苴之法, 而諸侯朝齊」, 此與田忌勝馬陵, 而三晉之王皆因田嬰朝齊王於博望, (見〈田敬仲世家〉.) 五似也.「齊威王使大夫追論古者《司馬兵法》, 而附穰苴於其中, 因號曰《司馬穰苴兵法》」, 與田忌之時正合. 若穰苴爲景公時人, 則與《司馬兵法》同爲追論, 而威王又何爲捨其本朝之近臣, 而遠論景公時之一將? 此六似也. 穰苴殺齊王之寵臣, 與孫武殺吳王之寵姬, 事極相類. 孫武既爲孫臏之誤傳, 則穰苴爲田忌之誤傳, 理亦有之. 七似也. 故知史公之言穰苴, 皆自田忌而誤也. 然何以誤及於春秋時之景公? 曰: 馬陵之戰, 田忌與田嬰同將.(見〈田齊世家〉, 及〈孟嘗君列傳〉.) 田嬰者, 孟嘗君田文之父靖郭君也. 或者《司馬兵法》言及嬰子, 而史公不深曉, 遂誤以爲晏嬰, 故設爲晏嬰薦之齊景公歟.(《晏子春秋·內篇第五》, 及《說苑·正諫》篇, 亦有穰苴諫景公事, 然二書益多謬誤, 不足據.) 然則史公又何以誤及於湣王時之穰苴? 曰: 其書或本出於司馬穰苴之徒, 故曰《司馬穰苴兵法》. 史公以湣王敗亡之君, 不知穰苴之爲湣王將, 因上移其人於景公時, 而又誤涉田忌之事以爲說也. 其書又稱

《司馬兵法》者? 惠士奇《禮說》云:「司馬穰苴兵法, 因號《司馬法》.《戰國策》, 齊閔王時, 司馬穰苴爲政, 閔王殺之, 大臣不親, 則穰苴乃閔王之將. 以故齊南破楚, 西屈秦, 用韓魏燕趙之衆猶鞭策者, 蓋穰苴之力居多. 及穰苴死, 而閔王亡矣.」此以《司馬法》爲穰苴書也. 余考〈趙策〉有云:「將非田單司馬之慮也」, 司馬正指穰苴. 其爲知兵, 信矣. 然則穰苴實有其人, 其人實有兵法之書, 史公特誤其時, 又誤其事耳.

◎《司馬法》逸文

春不東征, 秋不西伐, 月食班師, 所以省戰.

軍中之樂, 鼓鐃爲上, 使聞者壯勇而樂和. 細絲豪竹, 不可用也. 夏后氏謂輦曰余車, 殷曰胡奴車, 周曰輜輦. 輦有一斧・一斤・一鑿・一梩・一鋤. 周輦加二版二築. 夏后氏二十人而輦, 殷十八人而輦, 周十午人而輦. 說者以爲夏出師不踰時, 殷踰時, 周歷時, 故前世輦少, 後世輦多.

夏執玄戈, 殷執白戚, 周左杖黃戉, 右秉白旄所以示不進者. 審察斬殺之戈也, 有司背執殳戈, 示諸鞭朴之辱.

六尺爲步, 步百爲畝, 畝百爲夫. 夫三爲屋, 屋三爲井, 四井爲邑, 四邑爲丘, 丘有戎馬一匹, 牛三頭, 是曰匹馬丘牛. 四丘爲甸, 甸六十四井, 出長轂一乘, 馬四匹, 牛十二頭, 甲士三人, 步卒七十二人, 戈楯具謂之乘馬.

成方十里, 出革一乘.

六尺爲步, 步白爲畝, 畝百爲夫. 夫三爲屋, 屋三爲井, 井十爲通, 通爲匹馬. 三十家士一人, 從二人. 通十爲成, 成百井. 三百家革車一乘, 士十人, 從二十人. 十成爲終, 終千井. 三千家革車十乘, 士百人, 終二百人. 十終爲同, 同方百里, 萬井. 三萬家革車百乘, 士千人, 終二千人.

春以禮朝諸侯, 圖同事. 夏以禮宗諸侯, 陳同謀. 秋以禮覲諸侯, 比同功. 冬以禮遇諸侯, 圖同慮. 時以禮會諸侯, 施同政. 殷以禮見諸侯, 發同禁.

五人爲伍, 十伍爲隊. 一軍凡二百五十隊, 餘奇爲握奇. 故一軍以三千七百五十人爲奇兵, 隊七十有五, 以爲中壘守地. 六千尺積尺得四里, 以中壘四面乘之, 一面得地三百步. 壘內有地三頃, 餘百八十步, 正門爲握奇, 大將軍居之. 六纛五麾, 金鼓府藏輜積皆中壘外, 餘八千七百五十人, 隊百七十五, 分爲八陳, 六陳各有千九十四人, 六陳各減一人, 以爲一陳之部署. 舉一軍, 則千軍可知.

一車甲士三人, 步卒七十二人, 炊家子十人, 固守衣裝五人, 廐養五人, 樵汲五人. 輕車七十五人, 重車二十五人. 故二乘秉兼一百人爲一隊. 舉十萬之衆, 則革車千乘, 校其費用支計, 則百萬之衆皆可知也.

五人爲伍, 五伍爲隊. 萬二千五百人, 爲隊二百五十, 十取三焉, 而爲其餘七以爲正, 四奇四正二八陳生焉.

王國百里爲郊, 五十里爲近郊, 百里爲遠郊.

王國百里爲郊, 二百里爲州, 三百里爲野, 四百里爲縣, 五百里爲都.

二百里・三百里其上大夫如州長. 四百里・五百里其下大夫如縣正.

大都, 五百里爲都.

百人爲卒, 二十五人爲兩, 車九乘爲小偏, 十五乘爲大偏. 五十乘爲兩, 百二十五乘爲伍.

八十一乘爲專, 二十九乘爲參, 二十五乘偏偏.

萬二千五百人爲軍.

十人之帥執鈴, 百人之帥執鐸, 千人之帥執鼓, 萬人之將執大鼓.

謀帥篇曰: 大前驅啓, 乘車大晨, 倅車屬焉.

天子之園方百里, 公侯十里, 伯七里, 子男五里, 皆取一也.

周制: 畿內用下之貢法, 稅去無公田.

鼓聲不過聞, 鼙聲不過闒, 鐸聲不過琅.

或起甲兵, 以征不義, 廢貢職則討, 不朝會則誅, 亂嫡庶則縶, 變禮刑則放.

將軍死綏.

明不寶咫尺之玉, 而愛寸陰之旬.

昏鼓四通爲大 鼓鼙, 夜半三通爲晨戒, 旦明五通爲發晌. 其有隕命以行禮如會, 所用儀也. 若隕命, 則左結旗, 司馬授飲, 右持苞壺, 左承飲以進.

上謀下鬪, 圍其三面, 闕其一面, 所以示生路也.

兵者詭道, 故能而示之不能.

善守者藏於九地之下, 善攻者動於九天之上.

登車不式, 遭喪不服.

見敵作誓，瞻功作賞.

一師五旅，一旅五卒.

上卜下謀，是謂參之.

血于釁鼓者，神戎器也.

從遯不過三舍.

上多前虜.

閫外之事，將軍裁之.

斬以訓.

師多則人讀.

載獻職，職者耳.

善者忻民之善，閉民之惡.

小辠耽，中辠刖，大辠到.

晨夜內鈀車.

飛衛斯輿.

執羽從梲.

窮寇勿追，歸衆勿迫.

進退維時，無曰寡人.

火攻有五.

始如處女.

輦車所載二畚.

人故殺人，殺之可也.

新氣勝舊氣.

攻城者，攻其所產.

攻城者，攻其所傃.

논어 論語
朱熹(集註)

공자 사상의 핵심은 인仁이다

동양에서 가장 많이 읽히고 연구된 책을 거론하라면 누구나 주저 없이 《논어論語》를 들 것이다. 《논어》는 공자와 그의 제자들의 문답록으로 그 제자들이 서로 논의하여 편집했다 하여 이런 이름이 붙여졌다. 그 편집 연대는 대략 주나라 말기나 진秦나라 초기로 여겨진다. 우리나라에서도 이미 삼국시대부터 이를 읽고 연구하여 일본에도 전해 주었던 기록이 있다. 그만큼 동양인이라면 이를 기본으로 삼아 깊고 심오한 학문의 세계로 들어섰던 것이다. 특히 유학이 곧 국시였던 시대에는 태어나서 죽을 때까지 이 《논어》의 구절을 읊고 되새기며 비유, 행동의 근거로 삼아 생활 전반에 이를 적용하였다. 그리하여 집집마다 이를 꽂아두고 서당마다 이를 암송하였으며 나아가 과거시험과 벼슬길에 이를 읽지도 않고 나선다는 것은 꿈도 꿀 수 없었다.

공자는 노魯나라 사람으로 유가의 시조이다. 30여 년 동안 치국의 도를 펴기 위해 천하를 주유했다. 그러나 그의 정치활동은 대체로 불우했고, 늘그막에는 노나라로 돌아와 기록의 정리와 제자 교육에 전념했다.

그는 육경, 곧 예禮, 악樂, 시詩, 서書, 역易, 춘추春秋를 산술刪述했을 뿐만 아니라 중국 역사상 최초로 학문적 집단을 이루었으니, 그 중 70명이 후세에 현인으로 불릴 정도로 성공을 거두었다.

공자 사상의 핵심은 '인仁'으로, 《논어》는 인에 대해서 전체의 10분의 1 이상이나 할애하고 있다. 이 인仁에 입각해서 인간론, 인생론, 정치론, 지도자론이 전개되는데, 그 사상 체계가 확실히 갖추어져 있는 것은 아니지만 오히려 생생한 인간의 기록이라는 것에 이 책의 진가가 있다.

《논어》에 나타난 공자의 사상은 중용과 인본주의 사상으로 요약되지만, 그보다도 유가의 근본적 덕목과 규범을 가장 쉽게 집약적으로 기술했다는 데에 더 큰 평가를 받는다. 현실에 입각하면서 이상을 잃지 않고 꿋꿋하게 산 인간의 모든 기록, 이것이 《논어》이다.

맹자 孟子
孟軻·宋 朱熹(集註)

"본디 인간은 선한 존재이다"

어린아이가 우물에 빠진 것을 보면 누구라도 아이를 구하려는 마음이 생길 것이다. 맹자는 이러한 인간의 본성을 '사단四端'으로 설명했다. 인간에게는 본디 측은지심, 수오지심, 사양지심, 시비지심의 네 가지가 갖추어져 있으며, 이것을 발전시키면 각각 인의예지의 도에 도달하게 된다는 것이 이른바 성선설性善說의 주장이다. 인간의 본성에 주목하고 그 착한 본성을 높이 평가하는 맹자의 사상은 유가의 본류로서 후세에도 영향을 끼쳤다. 인간의 본성에 대한 깊은 신뢰, 그것이 유가사상의 근본원리 중 하나이다.

《논어論語》와 더불어 유가儒家의 대표적 경전인 《맹자孟子》는, 주자朱子가 《예기》 속의 〈중용〉과 〈대학〉을 분리하여 〈사서四書〉로 편정하면서 일반인에게 더욱 가까이 다가서게 되었다. 이에 동양에서 2천여 년 동안 제일 많이 연구되어 온 책 중의 하나가 되었으며, 과거 시험은 물론 학문 입문에도 필수적인 교재가 되었다.

이 《맹자》는 전국시대의 사상가인 맹자의 언행과 사상을 그의 사후 맹자의 제자들이 정리한 것으로 양혜왕, 공손추, 등문공, 이루, 만장, 고자, 진심의 7편 260장으로 구성되어 있다. 7편 가운데 전반 3편은 주로 유세 활동의 기록이고, 후반 4편은 은퇴 후의 어록을 정리한 것이다.

추鄒나라에서 태어난 맹자는 공자의 손자인 자사子思의 제자가 되어 유학을 배우고, 공자의 인仁사상을 다듬어 인간의 성품은 본래 선하다는 '성선설'과 인의에 의한 '왕도정치'를 역설하여 유학에 새로운 생명력을 불어넣었다. 맹자는 등滕, 양梁, 임任, 제齊, 노魯, 설薛 등의 여러 나라를 다니며 인의에 의한 '왕도정치'를 역설했으나 현실의 이익 추구에만 급급했던 각국의 왕들에게 그의 주장은 너무나도 이상적인 것으로 비쳐졌다. 그리하여 유세 활동은 실패로 끝나고 만년에는 고향에서 저술과 강학에 전념했다. 맹자는 후대에 주자 등의 송나라 학자들에게 재평가를 받으면서부터 비로소 공자의 정통으로 추앙받기 시작하였다.

서경잡기西京雜記
劉歆(撰)·葛洪(輯)

고대 중국인의 흥미로운 일상 이야기

평상시의 자질구레한 일들에 대한 기록은 그 당시에는 아무것도 아닌 것 같지만 세월이 흐르고 삶의 방법이 달라진 이후에는 실로 엄청난 기록가치를 발휘하게 되는 수가 많다. 그러한 기록을 통해 우리는 인류 문화의 영속성에 대해 믿음을 가지고 미래를 대비할 수 있다.

이《서경잡기西京雜記》의 내용도 거대한 역사의 흐름이나 큰 사건의 본말本末을 다룬 것이라기보다 그저 당시의 일상사라 할 정도의 잡다한 이야기를 기록한 것에 불과하지만 중국 학술사에서는 물론, 중국문학中國文學, 제도制度, 전장典章, 속문학俗文學의 연구에서 빼놓을 수 없는 중요한 자료로 평가받고 있다.

이《서경잡기》는 중국의 서한西漢 시대의 수도였던 장안長安을 그 배경으로 하고 있다. 서한이 일단락을 고하고 동한東漢 시대에 이르자 한인漢人들은 자신들의 옛 서울인 장안을 서경西京이라 불렀다. 여기에 스스로 잡기雜記란 이름을 택함으로써 기록의 채집 범위에 제한을 두지 않았던 자유로운 형식의 기록체 문장이다. 그 때문에 글자 수에도 구애됨이 없이 10여 자에서 길어야 천여 자를 넘지 않는 단편적인 기술로 되어 있다. 제왕帝王, 장상將相과 왕공王公, 대신大臣, 비빈妃嬪, 궁녀宮女, 문인文人, 학사學士는 물론, 공인工人과 평민까지 두루 소재로 하였으며, 사물事物도 궁정의 일사逸事, 전장제도典章制度, 풍속과 절일節日의 유래, 원유苑囿, 건축, 진기한 보물, 기인奇人의 절기絶技, 무덤의 도굴 등 다양하기 그지없다.

이제 우리는 중국의 문학과 문화, 학술에 대하여 좀 더 넓은 시각으로 접근해야 한다. 몇몇 알려진 서적들만 연구하면 그들의 문화를 모두 이해한 것으로 착각하거나 만족해서는 안 된다. 있는 그대로의 사실에서 다양한 정보와 필요한 요소를 끄집어내어 오늘날 우리에게 맞게 활용할 수 있는 장을 마련해 주어야 할 것이다. 그러한 뜻에서 이《서경잡기》는, 고대 중국인의 의식 이면을 들여다볼 수 있는 아주 훌륭한 자료가 될 것이다.

낙양가람기洛陽伽藍記
楊衒之(撰)

무너진 성곽·궁실·사찰·탑·묘당의 옛 영화

남북조 시대는 수·당불학隋唐佛學의 기초를 다진 중요한 시기였다. 수·당 시대 불학의 두 가지 흐름, 즉 역경사업譯經事業과 서행구법西行求法의 큰 틀은 이 때 이미 싹이 틔워져 어느 정도 자라나 있었다. 그 내용 중 북위시대의 역사적 사실을 시간적 축으로 하고, 낙양을 중심으로 하되 멀리 서역과 중앙아시아까지 구법 성지순례의 내용을 공간적 횡으로 하여 고스란히 담아내고 있는 것이 바로 이《낙양가람기》이다.

《낙양가람기》에서의 '낙양'은 북위 시대 효문제孝文帝 원굉元宏이 494년 평성平城에서 낙양으로 천도하여 온갖 영욕을 이어가다가 효무제孝武帝 원수元修가 우문태宇文泰에게 장안長安으로 끌려가 원보거元寶炬를 내세워 서위西魏가 되자, 남아 있던 대신 고환高歡이 효정제孝靜帝 원선견元善見을 대신 옹립하여 업성에 나라를 이어 동위東魏로 갈렸던 534년까지 41년간의 낙양을 말한다.

저자 양현지는 동위 무정武定 5년547에 요역 의무로 낙양에 다시 들렀다가 이미 폐허가 된 낙양성의 모습을 목격하게 되었다. 그는 왕공과 귀족들의 불교에 대한 지나친 열정으로 인한 폐해, 나아가 화려했던 당시 북위의 불교 행사, 사원의 규모와 사탑의 형식, 행상行像 활동과 연혁 및 일화까지 낱낱이 기록했다.

이 책은 성내城內, 성동城東, 성남城南, 성서城西, 성북城北 등 낙양성을 다섯 구역으로 구분하여 5권으로 꾸며져 있다. 모두 70여 곳의 절에 대한 위치와 설립자, 규모와 정치, 역사상의 변동 등을 시작으로 마을, 명승고적, 귀화민의 생활상은 물론, 풍속과 인물, 고사와 전설, 문학과 일화 등을 총망라하고 있으며 문체 또한 수려하다. 지형과 풍속, 유적의 형태와 보존 상태, 그 나라의 연혁과 행정규모, 산업과 삶의 모습을 구체적으로 설명하고 있다. 또한 천축天竺 왕래의 서행구법 기록은 중앙아시아 및 인도, 중동 여러 나라와의 교통과 교류에 대한 새로운 장을 연 생생한 자료로서 수·당 불교 연구의 밑바탕을 이루고 있다.

설원 說苑
劉向(撰)

세상을 여는 열쇠는 덕德과 인본人本

《설원說苑》에는 고대古代로부터 한漢나라 때까지의 온갖 지혜와 고사, 격언이 총 망라되어 있다. 《설원》은 서한西漢 때에 유향(劉向: 대략 B.C.77~B.C.6)이 펴낸 역사 고사집歷史故事集으로, 풍유諷喩의 수사법이 두드러지며 풍격이 박실樸實하여 후대의 소설 및 민간 고사, 필기筆記 문학에 지대한 영향을 미친 것으로 평가된다. 우리나라 중등학교의 한문 교재에는 물론 많은 동양학 서책에 이 《설원》 속의 이야기가 등장할 뿐만 아니라 《설원》 속 고사성어는 지금도 널리 회자되고 있다. 바로 초楚 장왕의 '절영絶纓', 진晉 문공의 '한식寒食'의 고사를 낳은 개자추 이야기, 춘추오패春秋五覇의 수많은 일화, 안자晏子의 번뜩이는 재치와 풍자, 손해 보는 듯해도 결국에는 복을 받는 선인善人들의 이야기…… 사실 이런 내용은 어느 시대, 어느 상황에서나 당연한 척도가 되어야 할 근본 문제들이다.

지도자가 갖추어야 할 덕과 용인술用人術, 남을 받들 때의 태도와 임무, 근본과 절도를 지키며 살아가는 방법, 덕을 귀히 여기고 은혜에 보답할 줄 아는 삶, 능력 있고 어진 이를 찾아내어 천하를 이롭게 해야 할 이유, 사물을 바로 보고 그에 대처할 줄 아는 지혜, 만물의 본질과 귀착, 나아가 검약과 질박質樸의 본질적인 의미는 물론 심지어 죽음이란 무엇인가에 이르기까지 무려 846장에 이르는 많은 이야기는 단순히 한문으로 기록된 책으로서의 의미, 혹은 한문 문장 해석과 학습 교재로서의 가치를 넘어 오늘날 우리가 세상을 살아가는 데 적용하고 이를 통해 지혜를 얻는 데 절실히 요청되는 마르지 않는 샘이다.

더 나아가 오늘날의 심한 경쟁, 가치관의 혼란, 도덕 부재의 상황 속에서 좀처럼 훌륭한 지침서를 찾기 힘든 때에, 지금 우리의 심성에도 들어맞으면서도 교양은 물론 덕과 지혜를 쌓기에 더없이 적합한 지침서로 다가온다.

사회 각 분야에서 활약하는 각계 지도자들은 물론 내일을 꿈꾸는 젊은이들에게 덕과 인본人本이라는 열쇠로 어려운 판단을 해결해 나갈 수 있는 해답을 바로 이 책이 던져주고 있다.

신서 新序
劉向(撰)

장구한 시간 뛰어넘는 살아 있는 예화와 교훈

《신서新序》는 지금으로부터 약 2천 년 전, 한나라 때 유향劉向이 편집·저술한 역사고사집이다. 상고시대부터 한대漢代에 이르기까지 숱한 사람들의 일화와 고사를 중심으로 한 아름다운 언행을 1백88 가지로 나누어 기술한 것이다.

치밀한 구성과 아름다운 문체로 엮어진 이 책은 소설처럼 부드러운 감성의 표현이 주를 이루고 있기 때문에, 교훈적인 예화例話나 삶의 지침을 많은 이야기 거리에서 찾아낼 수 있다. 또한 일종의 제왕학帝王學의 자료로서 편찬된 것이어서 세상을 다스리는 정치나 사회를 이끌어가는 지도자라면 반드시 읽고 음미해야 할 내용이다.

이 속에는 우리가 흔히 알고 있는 순舜임금의 지극한 효성, 손숙오孫叔敖의 음덕 양보隆德陽報, 초楚 장왕莊王의 용인술用人術과 정치 방법, 기해祁奚의 인물 추천법, 제齊 환공桓公과 관중管仲이 패업霸業을 이룬 통치술, 편작扁鵲의 신비한 의술, 맹상군孟嘗君의 큰 도량, 양梁나라 송취宋就의 고사, 화씨지벽和氏之璧, 걸주桀紂의 사치와 포악, 제齊 경공景公과 안자晏子, 상산사호商山四皓와 한漢 고조高祖의 이야기 등 주옥같은 고사들로 가득하다.

재물을 지나치게 좋아하면 사람이 천해지기 쉽다고 한다. 그러나 사람을 좋아하면 그 사람은 선해진다고 한다. 고전을 좋아하면 이 장단점을 모두 바르게 구분하여 자신의 삶을 풍요롭게 할 수 있다. 동서양을 막론하고 사람들은 고전 속에서 옛사람의 윤리·도덕은 물론, 나아가 그 정서에서 도움이 될 척도를 찾고자 하였다.

고전이 고전일 수 있는 진가는 무엇일까? 바로 어느 시대에서나, 또 어떤 상황, 어떤 경우에서도 바른 잣대가 될 수 있고, 삶의 표준이 되며, 해결의 열쇠가 되고, 정신적인 위안이 될 수 있다는 것이다. 그러한 제재가 찬연하게 기록된 책이 바로 이 《신서》이다. 《신서》는 우리의 정서를 풍부하게 하고 삶에 윤택을 더하며, 나아가 정신문화의 기틀을 다지는 자료가 될 것이다.

한시외전韓詩外傳 — 세상이 불꽃같이 험악하여도 어버이 계시니…
韓嬰(撰)

"나무가 고요하고자 하나 바람이 멎지 아니하고, 자식이 봉양하고자 하나 어버이가 기다려주지 않는다樹欲靜而風不止, 子欲養而親不待."

학창 시절에 누구나 배웠던 이 문장의 출전이 바로 《한시외전韓詩外傳》이다. 이렇게 짧은 구절이지만 그로 인해 우리의 정서가 순화되고, 윤리를 알고 효성이 바른 청소년기를 보낼 수 있었다는 것은 얼마나 고마운 일인가! 나아가 "짐은 무겁고 길이 먼 자는 땅을 가리지 않고 쉬는 법이며, 집이 가난하고 어버이가 이미 늙으셨다면 관직을 가리지 아니하고 벼슬에 뛰어드는 것"이라는 구절은 지금 이 시대에도 시사하는 바가 크다. 고전의 가치란 바로 이처럼 어느 시대, 어느 상황에도 감별의 척도가 되는 것이다.

이 《한시외전》에는 '백아절현伯牙絶絲', '남상濫觴', '당랑거철螳螂拒轍', '능지陵遲' 등 옛사람들의 지혜가 담긴, 많은 고사와 성어들이 풍부하게 담겨 있어 오늘날에도 많은 사람들에게 감동을 주고 있다. 고전의 가치란 이처럼 어느 시대 어느 상황에서도 감별의 척도가 되고 현실을 비춰볼 수 있는 거울이 된다는 점에 있다. 물질을 다루되 정신이 깃들지 않는 것은 가치가 없으며, 내일을 알고자 하면 어제의 일을 살펴보아야 되는 것이다.

한漢나라는 국가 정책으로 유학 특히 경학을 발흥시키기 위해 경에 대한 해석 능력을 가진 이를 우대하여 박사博士로 삼았다. 그래서 지역마다 뛰어난 해석학자가 나타났는데, 이 《한시韓詩》는 연燕 지역의 한영韓嬰이란 학자가 풀이하여 가르치던 것으로, 지역 이름을 취한 《노시魯詩》나 《제시齊詩》와는 달리 《한시》는 특이하게 학자의 성씨姓氏를 딴 것이다. '외전'이란 '내전內傳'에 상대되는 말로, 쉽게 풀이한 해설서라는 뜻이다. 10권, 310장으로 되어 있으며, 재미있고 유익한 춘추의 고사는 물론 기타 민간 잡설, 제자백가에 실린 역사 사건, 혹은 쉽게 이해할 수 있는 논제를 앞에 제시하고 뒤에 《시》 한두 구절을 그 근거로 제시하였다. 모두가 유가의 경세치학經世治學, 애민화육愛民化育, 인의도덕仁義道德, 처세비유處世譬喩 등 교훈적인 일화로 가득 차 있다.

공자가어孔子家語 — 공자 언행 및 제자들과 주고받은 대화와 논의
王肅(撰)

"난초가 깊은 숲 속에 나서 보아주는 자가 없다 해서 향기를 내뿜지 않는 것은 아니다芝蘭生於深林, 不以無人而不芳."

"좋은 약은 입에 쓰나 병에는 이롭듯이, 충성스러운 말은 귀에 거슬리나 행동에는 유익하다良藥苦口利於病, 忠言逆耳利於行."

이 유명한 구절들의 출전인 《공자가어孔子家語》는 진한秦漢 이래의 여러 전적에서 공자에 관한 일화 등을 모은 책이다. 그 내용은 주로 고대 혼인, 상례, 제례, 교체郊禘, 묘조廟祧, 오제五帝 등 여러 제도는 물론이고 상고사와 공자의 언행, 공자의 가계家系와 탄생, 그리고 공자의 죽음과 제자들의 심상心喪, 공자와 당시의 군주, 위정자들과의 대화, 제자와의 토론 문답, 강학講學과 교육, 심지어 공문孔門 제자들의 명단, 음악, 형벌, 주周나라 관람, 관혼상제 등 다양하다. 게다가 일화逸話, 일사逸事의 이야기 중심으로서 한문 초학자라도 어렵지 않게 읽을 수 있을 만큼 내용이 명확하고 문장도 순탄하다.

한때 이 책은 위나라 왕숙이 위조했다고 알려져 그 가치가 하락했던 적이 있다. 그러나 중국 한위漢魏 시대에는 많은 학자들이 자신이 의도한 주제에 맞는 많은 자료를 각 경사자집經史子集의 전적에서 발췌하여 하나의 책으로 편집하는 일이 많았다. 《공자가어》도 공자에 관한 일화를 모은 것으로 원래 왕숙이 공자 22세손 공맹孔猛이라는 사람의 집에 전해오던 것을 얻어 이를 정리하고 주석을 가한 것이어서, 설령 고대에 이미 있던 《공자가어》라는 책이름에 의탁하여 왕숙이 그 도서명의 권위를 의도적으로 이용했다 해도 별 문제가 될 것은 없다.

왕숙이 이 책을 정리한 목적은 당연히 유가儒家의 발흥을 꾀하기 위한 것이었으며, 이 책은 이미 송대에 공자를 이해하고 그 당시의 시대 상황과 문물제도 등을 연구하는 데에 중요한 자료로서 인정받았다.

중국을 이해하고 동양을 이해하며 동양 문화를 이어갈 우리의 미래를 위해 이 책은 앞으로도 널리 읽히고 연구되어야 한다.

중국사상100

잠부론潛夫論
王符(著)

탁월한 지도자를 위한 정치평론 철학서!

"어린아이에게 병이 잦듯이 귀인에게는 화가 잦다. 부모로서 자식 교육에 실수가 잦듯이 지도자에게는 구설수가 잦다. 부모의 실수는 자식 사랑이 지나치기 때문이요, 지도자의 구설수는 교만한 행동을 그만두지 못하기 때문이다."

중국의 학술활동은 동한 시대까지만 해도 기존 춘추전국春秋戰國의 경학과 제자백가의 자료를 정리하고 재편집하는 풍조가 주류였다. 따라서 개인의 의견이나 사상만을 저술한 예는 거의 없었다. 그런데 이《잠부론潛夫論》은 왕충王充의《논형論衡》, 중장통仲長統의《창언昌言》과 함께 동한 3대 저작으로서 그 찬연한 빛을 발하고 있으며 그 중 개인 정치평론 철학서로는 가장 높은 가치를 인정받고 있다. 우선 그 제목 자체가《역易》의 "잠긴 용은 쓰지 않는다潛龍勿用"는 심오한 철리에서 인용한 것이다. 이로써 저자는 일체의 공직에는 발을 들여놓지 않은 채, 오로지 독서와 저술로 일관한 "잠부潛夫", 그 아름다운 기개를 그대로 실천한 인물이었다. '잠부'라는 가공인물을 내세워 천하의 이치와 자신의 의견을 대화체로 토론한 독특한 서술 형식도 묘미를 더해준다. 책의 체제는 총 36편으로 각 편마다 제목을 달아 토론과 평론의 주제로 삼고 있으며, 당시 정치의 득실에 관한 것, 관리의 사치와 부패, 낭비와 탐학, 백성에 대한 무책임한 군림, 이에 대한 폭로와 해결방안의 제시, 꿈의 해몽, 무당과 관상 등 당시 사회 풍조에 대해 매우 다양하고 사실적인 방법으로 접근하고 있다. 또한 고대 삼황오제三皇五帝의 계보와 덕치, 성씨姓氏의 유래와 분파에 대한 것은 중국 상고사 연구에 귀중한 자료가 되고 있다.

"백성의 행복추구권을 보장해 줄 무한한 책임을 지고 있는가?"

2세기의 중국 왕조시대에 이러한 생각을 하기란 그리 쉽지 않았을 것이다. 군주와 관리는 하늘을 대신하여 사회를 조직화하고 이끌어 나가도록 임무를 잠시 부여받았을 뿐이지, 백성 위에 군림하는 것이 아니라고 곳곳에서 강하게 주장하고 있다. 누구든지 이 책 단 몇 편만이라도 읽어 본다면 국민들이 얼마나 고맙고 소중한 존재인지 절실히 깨닫게 될 것이다.

안씨가훈顏氏家訓
顏之推(撰)

부모의 바른 행동만큼 훌륭한 가훈은 없다!

진晉나라 때 사안謝安이라는 이는, 그의 아내가 "어떻게 당신은 자식 교육에 애쓰는 꼴을 볼 수가 없죠?"라고 불만을 토로하자 "나는 항상 자식을 가르치고 있는데……"라고 대답했다는 고사가 있다. 부모의 바른 행동만큼 훌륭한 가훈이 없다는 뜻이다. 그러나 글로 남기고 기록으로 보존하는 것 또한 그 이상의 가치가 있음은 부인할 수 없다. 그런 면에서 이《안씨가훈顏氏家訓》만큼 진실하고 자상한 가훈은 지금껏 없다 하겠다.《안씨가훈》의 작자 안지추顏之推는 남북조의 혼란기, 그리고 수나라 통일까지의 전란을 몸소 겪으며 살아온 인물이다. 그는 고향을 등지고 수천 리 머나먼, 풍속과 삶의 방법이 다른 북방, 남방을 유랑하던 때의 시대적 고통을 세밀하게 기록하여 자식에게 남겼다.

"자식의 후환은 부모가 만든다." "형제간의 우애는 처자로 인해 멀어진다." "혼인은 엇비슷한 상대와 하라." "성공한 자는 나름대로 이유가 있다." "도박과 놀이는 구분하라." "어려서 배우는 것은 대낮에 큰 길을 가는 것과 같지만, 늙어서 배우는 것은 촛불을 잡고 밤길을 걷는 것과 같다. 그래도 그나마 포기해서는 안 된다." "내 죽으면 칠성판 하나면 된다" 등의 구절은 바로 우리에게 안겨주는 안지추의 교훈들이다. "자식은 자식대로 타고난 복이 있으니, 자식을 위해 말이나 소가 되지는 말라兒孫自有兒孫福, 莫爲兒孫作馬牛"는 속담이 어찌 자식 교육을 포기하라는 뜻이겠는가? "이삭을 줍는 것이 비록 이롭다 하나 스스로 농사짓는 것만은 못하다拾穗雖利, 不如躬耕"라고 하였다. 이처럼 부모가 남긴 이삭이나 주워 먹는 자식으로 기르기보다는 자식 스스로 농사지어 수확하는 기쁨을 맛보도록 하는 것이 부모로서도 행복하지 않겠는가? 재물은 천만금을 남겨주어도 이를 지켜내기 어렵다고 했다. 그러나 바른 삶의 방법을 일러주면 제 스스로 인생을 살아가며 개척하고 성취할 것이다. 나름대로 터득하고 행복을 맛보며 사회와 인류를 위해 바른 가치를 실행할 것이다. 이같은 정신이 모든 집의 '가훈家訓'이 될 때 세상은 더욱 아름다운 곳이 되고 또한 행복과 화평을 누리는 곳이 되리라.

중용 中庸
朱熹(集註)

인간의 본성은 성誠이다

《중용中庸》은 공문孔門 최고 경지의 인생철학서이다. 성誠과 도道, 교教 세 가지를 근본으로 하고 있으며, 이에 성을 바탕으로 천하 대본大本을 세우는 것을 중中, 천하 달도達道를 실행하는 것을 화和로 하여 '치중화致中和'의 경지에 이르러야 한다고 하였다.

그리하여 "성이란 하늘의 도이다. 그러나 이를 정성스럽게 실천해야 하는 것은 사람의 도이다誠者, 天之道也. 誠之者, 人之道也"라고 갈파한 것이다.

주자朱子는 문장 전체를 다시 33장으로 세분하여 천명天命, 솔성率性, 수도修道 등의 문제를 장章과 구句로 나누어 주석을 달고 자신의 의견을 가미하여 풀이하였다.

《중용》은 자사子思(공자의 손자)가 지은 것으로 보고 있다. 《사기》 공자세가와 정현鄭玄의 〈목록目錄〉, 그리고 공영달孔穎達의 《예기정의禮記正義》에서도 모두 이를 인정하여 이의를 달지 않았다.

《중용》과 《대학》은 원래 《예기禮記》 제 31과 42에 실려 있는 한 편씩의 독립된 글이다. 이를 남송 때의 주희朱熹가 그 두 편을 뽑아 《논어》, 《맹자》와 함께 묶어 '사서四書'라 하면서 세상에 널리 알려지게 되었다. 그 후 이 사서는 사림士林의 필독서가 되었으며 송대 이후 원, 명, 청을 거치면서 과거 과목으로 채택되었고 지금도 경학 입문의 중요한 위치를 차지하고 있다.

특히 〈중용〉은 성性을, 〈대학〉은 심心을 다룬 것으로서 당대唐代 이후 송대에 이르러 성리학性理學의 대두와 함께 가장 적합한 연구 교재로「용학庸學」이라 불리며 그 자리를 잡게 되었다.

우리나라에서도 이는 한학漢學의 기본이며 모든 학습의 주된 교재였고, 조선시대 과거시험의 필수 과목이었다. 수양서로서, 그리고 한학 학습서로서의 가치를 인정받아 왔으며 집집마다 이를 소장하여 읽고 외워 왔다.

이 〈중용〉은 눈으로만 읽는 책이 아니라 마음두고 펼쳐보도록 하자.

대학 大學
朱熹(集註)

뛰어난 정치철학의 입덕지문入德之門

《대학大學》은 증자曾子와 그 문인, 혹은 자사子思가 지었다는 두 가지 설이 있으나 아직껏 확정되지는 않았다.

내용은 유가의 뛰어난 정치철학을 강령綱領과 단계별 조목條目으로 나누어 설명한 것으로, '삼강령三綱領과 '팔조목八條目', '본말종시本末終始'로 압축된다. '삼강령'은 명명덕明明德, 신민新民, 지어지선止於至善이며, '팔조목'은 '격물格物, 치지致知, 성의誠意, 정심正心, 수신修身, 제가齊家, 치국治國, 평천하平天下'의 8가지 덕목이다. 그리고 '본말종시'란 사람을 일깨우는 순서이며 동시에 자신의 구학求學 단계로서 "만물은 본말이 있고 만사는 끝과 시작이 있음物有本末, 효는 인간 삶의 근본이자 출발점末, 事有終始"을 말한 것이다.

《중용》과 《대학》은 원래 《예기禮記》 제 31 및 42에 실려 있는 한 편씩의 독립된 글이다. 이를 남송 때의 주희朱熹가 그 두 편을 뽑아 《논어》, 《맹자》와 함께 묶어 '사서四書'라 하면서 세상에 널리 알려지게 되었다. 그 후 이 사서는 사림士林의 필독서가 되었으며 송대 이후 원·명·청을 거치면서 과거 과목으로 채택되었고 지금도 경학 입문의 중요한 위치를 차지하고 있다. 특히 〈중용〉은 성性을, 〈대학〉은 심心을 다룬 것으로서 송대에 이르러 성리학性理學의 대두와 함께 가장 적합한 연구 교재로 '용학庸學'이라 불리며 그 자리를 잡게 되었다.

우리나라에서도 이 책들은 한학漢學의 기본이었으며 모든 학습의 주된 교재였고, 조선시대 과거시험의 필수 과목이었다. 그리고 한학 학습서로서뿐 아니라 수양서로서의 가치를 인정받아 왔으며 집집마다 이를 소장하여 읽고 외워 왔다. 〈대학〉은 눈으로만 읽는 책이 아니라 마음으로 터득해야 하는 교훈이다. 그 때문에 "마음이 거기에 있지 아니하면 보아도 보이지 아니하고, 들어도 들리지 아니하며, 먹어도 그 맛을 알지 못한다心不在焉: 視而不見, 聽而不聞, 食而不知其味"라 하였던 것이다. 이제 모름지기 마음으로 이를 읽고 익혀 자신의 삶을 풍부히 할 자료로 삼자. 늘 곁에 두고 펼쳐보도록 하자.

효경 孝經
曾子(撰)

효는 인간 삶의 근본이자 출발점

"효는 백 가지 행동의 근본孝, 百行之本也"이라 하였다. 사람의 몸과 터럭과 살갗은 부모로부터 받은 것이니 이를 손상시키지 않는 것이 효도의 시작이요, 몸을 세워 도를 행하고 후세에 이름을 날려 부모를 빛나게 하는 것이 효도의 마지막이라 하였다. 그런가 하면 "아버님 날 낳으시고 어머님 날 기르시니, 애달프도다. 부모님이여, 나를 낳아 고생하시네. 깊은 은혜 보답코자 하나 하늘과 같아 끝이 없도다"라고도 하였다.

옛 고전에는 효를 주제로 다룬 일화나 미담이 수도 없이 많다. 물론 예禮라는 것이 형식이요, 그 형식을 통해 질서를 유지하는 것이지만 지금은 그런 형식에 얽매여 고통을 당하기보다는 실질적인 효를 구체적으로 실천하는 것이 더욱 절실히 요구되고 있는 시대이다.

《효경孝經》은 공자가 제자 증삼曾參에게 전한 효도에 관한 논설 내용을 훗날 다시 제자들이 편저한 것으로 전해지고 있으나 그 시기는 구체적으로 알 수 없다. 이 책의 작자 문제에는 여러 가지 이론이 있었다. 이 책은 전체의 개론에 해당하는 개종명의開宗明義로부터 천자, 제후, 경대부, 사士와 서인으로서의 갖추어야 할 효孝 및 상친喪親에 이르기까지 모두 18장으로 되어 있다. 이것이 송대에 이르러 십삼경十三經에 오르는 등 역대를 두고 많은 주석과 해설이 쏟아져 나왔고 유가 사회에서 가장 중시하는 덕목으로 여겨져왔다.

오늘날처럼 각박해진 산업사회, 핵가족이라는 가족 형태로 인해 효는 이제 최고의 덕목이라기보다 아련한 과거의 습속처럼 여겨지기도 하는 것은 참으로 안타까운 일이다. 그러나 지금도 부모 봉양을 인륜의 큰 도리로 삼고 실천해 가고 있는 예화를 주위에서 얼마든지 듣고 볼 수 있다. 나아가 부모로서 몸소 바른 행동을 함으로써 자녀에게 효라는 것이 무엇인지 보여주는 것이야말로 수백 번 효를 주장하고 외치는 것보다 훨씬 바람직한 것임은 말할 것도 없다.

국어 國語
左丘明(撰)

좌구명을 무식꾼으로 몰아 〈맹사〉라 한다는데…

《국어國語》는 주周나라 좌구명左丘明이 각국의 역사를 모아 찬술한 것으로 알려져 있다. 주어周語 3권, 노어魯語 2권, 제어齊語 1권, 진어晉語 9권, 정어鄭語 1권, 초어楚語 2권, 오어吳語 1권, 월어越語 2권으로 되어 있으며, 중국의 고대사를 연구하는 데 필수인 귀중한 책이다. 내용은 춘추시대 전후까지 포함하는 기간 동안 각국의 정치, 경제, 군사, 외교, 책략, 인물, 품평, 계모計謀, 여인, 교육, 제사祭祀는 물론 당시 성행했던 오행五行, 예조豫兆, 점복占卜, 음양陰陽 등 형이상학적 사유까지 아주 폭넓게 포함하고 있다.

춘추 시대를 대표하는 기록으로 《춘추좌전》이 있으니, 이 《국어》야말로 그와 함께 쌍벽을 이루어 〈춘추외전〉이라 불리며 대접받았다. 그러나 뒤에 《국어》의 저자를 좌구명으로 보던 견해는 여러 가지 근거로 수정되었고 지위도 사부史部 잡사류雜史類로 떨어지고 말았다. 그럼에도 이 책이 가진 가치와 선진 산문으로서의 문학적 지위는 더욱 높아져 수천 년 동안 끊임없이 연구되고 주석과 고증 작업을 거치면서 오늘에 이르렀다. 《국어》가 다룬 춘추시대 뒤를 이어 동주 후반기인 전국시대를 대표하는 기록은 당연히 유향劉向이 집록한 《전국책戰國策》이며 이 두 책은 사마천이 《사기》를 저술할 때 절대적인 기본 사료가 되었다. 한대漢代의 《한서》 예문지에 유향이 편찬한 《신국어新國語》 54편이 저록되어 있으나 지금 그 책은 전하지 않고 있다. 그런가 하면 서진西晉 시대 전국 위묘魏墓에서 출토된 《국어》는 초나라와 진나라의 사건을 기록한 것이었다고 《진서晉書》 속석전束晳傳에 전하는 것으로 보아 전국시대에도 이미 이 《국어》가 널리 유포된 것임을 확인할 수 있다. 1971년 발굴이 시작된 호남湖南 장사長沙 마왕퇴馬王堆 3호 고분에서 나온 백서帛書 중에 잔권의 《어語》는 《춘추사어春秋事語》라 이름이 붙여졌고 이는 바로 지금의 《국어》와 같은 유형의 책임이 밝혀지기도 하였다. 따라서 당시 '어語'라 이름 붙여진 자료들은 역사 기록이라기보다 토론이나 대화, 변론, 변석 등의 의미를 기준으로 한 것으로 미루어 볼 수 있다.

전국책 戰國策
劉向(編)

부국강병과 약육강식의 치열한 다툼

《전국책》은 중국고전 연구의 필수적 자료로서 전국 말기까지의 각 나라 책사策士들의 유세 기록과 고사, 나라의 흥망, 천자에서 서인에 이르기까지의 일화 등이 총망라된 방대한 저작이다.《전국책》은 전국시대의 모신, 책사들의 논쟁과 정치 주장, 국제간의 분쟁해결과 부국강병에 따른 약육강식의 처절한 현실을 그대로 반영한 역사기록 못지않은 처세술과 논리적 논쟁의 문제를 일깨워주는 교양서로서의 가치를 지니고 있다. 뿐만 아니라 후대 문학에도 심원한 영향을 미치고 있어, 특히 한초漢初의 가의賈誼, 조착晁錯과 사마천司馬遷은 모두 이 책의 영향을 받았고, 사마천은 직접 이 사료를《사기》에 반영하여 그 가치를 인정하고 있다. 더구나 송대 소순蘇洵, 소식蘇軾, 소철蘇轍을 위시한 당송팔대가의 "고문운동"은 직접 이《전국책》의 문체를 본받고자 하였다.

이처럼 고한문의 해독에 필수적 활용서인 이《전국책》은, 당송산문宋散文이 한국 한문 해독의 기본 단계인 현실에 맞추어 기본 한학교재로서 그 가치가 널리 알려져 있었다. 그렇기 때문에 이《전국책》은 정확한 판본과 번역, 상세한 주석을 위해 역주는 전체 완역을 기본으로 하여 고유高誘 주까지 참작, 완정본으로 출간함을 목적으로 하였다.

우리나라에서는《전국책》을 원전으로 한 고사와 일화의 원문이 중고등학교 한문교과서는 물론 대학의 한문교재 등에 널리 실려 있고, 일상 언어생활에서도《전국책》출전의 고사를 활용하고 있으므로, 이에 대한 원전의 번역과 주석은 매우 가치 있는 작업이라 할 수 있다.《전국책》의 여러 고사성어 이를테면 사족蛇足, 어부지리漁父之利, 계명구도鷄鳴狗盜, 호가호위狐假虎威 등의 주요 어휘는 물론, 역사적 연관관계를 정확한 고증과 전거를 밝힘으로써 이를 인용한 한문 교학에 이바지할 수 있게 했으며, 무엇보다 참고란에 관련 자료를 원문으로 제시함으로써 한학계와 중국문학계의 원전 활용에 널리 도움이 되도록 엮었다.

사기열전 史記列傳
司馬遷(著)

역사적 현실 딛고 자신의 길 헤쳐나간 인물들의 삶

《사기史記》는 중국 전한前漢 시대의 역사가인 사마천司馬遷의 저서로서, 최초의 통대사通代史인 동시에 최초의 정사正史, 최초의 기전체紀傳體, 최초의 사찬私撰이다. 이 책이 다루고 있는 시기는 고대부터 기록하되 상고시대 전설에 대하여는 사마천 자신이 본기本紀로써 쓸 수 없다고 여겼기 때문에 오제五帝를 묶어〈오제본기五帝本紀〉로써 첫 본기로 삼았다. 그 뒤를 이어 중국 최초 왕조인 하夏나라를 시작으로, 은殷, 주周를 거쳐 진秦나라의 통일과 와해, 더 내려와 B.C. 2세기, 한대 초기에 이르기까지의 역사를 엮었다.

이 책은 제왕의 연대기인 본기本紀 12편, 제후를 중심으로 한 세가世家 30편, 역대 제도 문물의 연혁에 관한 서書 8편, 연표인 표表 10편, 시대를 상징하는 뛰어난 개인의 활동을 다룬 전기인 열전列傳 70편, 총 130편으로 구성되어 있다. 단순히 연대를 쫓아 기록하는 '편년체編年體'가 아닌 본기와 열전을 중심으로 하는 기전체를 채용해 입체적으로 역사의 모습을 떠오르게 하는 구성을 취하고 있다. 이와 관련해서 이 기전체는 그 뒤 정사正史 편찬의 규범이 되었다.

특히 열전은 제왕과 제후를 제외한 일반인에 대한 전기를 모은 것으로 70편으로 구성하였으나 그에 열거된 인물은 당연히 그보다 훨씬 많다. 각 편에 한 사람씩을 넣은 것도 있지만 같은 성격을 하나로 묶어 제목을 삼기도 하였고, 또는 외국 이민족에 대한 기록도 이 열전에 넣었기 때문이다.

저자인 사마천은 사관의 가문에서 태어나 패장 이릉李陵을 변호한 이유로 궁형宮刑에 처해졌으나 그 굴욕을 견뎌내고 이 책의 완성에 생애를 바쳤다. 그런 만큼 이 책의 행간에는 그의 개성이 약동해, 위로는 왕후 귀족에서 아래로는 일개 서민에 이르기까지의 생활 모습이 박력 있는 필치로 생생하게 기술되어 있다. 단순한 자료집이 아니라 뛰어난 문학 작품으로 보아도 좋을 것이다.

십팔사략十八史略
曾先之(編)

역사는 거울이다, 거울을 보고 길을 찾자

본고장 중국에서는 잊히다시피 하였지만 우리나라에 들어와서는 큰 성황을 이루어 국민적 교재로서 인지도를 높이고 일상생활에도 영향을 끼쳐온 책들이 꽤 있다. 그 대표적인 것이 바로 이 《십팔사략》과 《명심보감》, 그리고 《고문진보》 등일 것이다. 중국에서 제대로 대접받지 못한 까닭은 그러한 책들이 모두 전문서가 아닌 알기 쉽게 엮은 편집서이며, 편자가 권위를 가진 자가 아닌 데다 이미 있던 자료를 모은 책이라는 점과, 그저 아동 입문용 교재라는 것 등 통속적인 이유에서이다. 그럼에도 우리나라에 들어와서는 지극히 큰 영향력을 과시하며 출간되고 개편되고 증보되고, 나아가 그 틀만 유지한 채 내용은 계속 새롭게 단장되어 왔다. 이는 일반인을 위한 실용서로서 그만큼 쉽고 우리 환경에 알맞은 학습교재로 원만하고 합리적이었기 때문이다. 특히 이 《십팔사략》은 그 중에서도 대표적인 책이다.

《십팔사략十八史略》은 송말宋末 원초元初에 증선지曾先之라는 사람이 고대부터 당시까지의 중국 역사를 간추려 초학자 학습용으로 편찬한 향숙과몽鄕塾課蒙의 교재이다.

중국 정사正史의 기전체를 간략히 시대순으로 재배치하여 편년체로 구성한 것이며, 당시까지 있던 17사에 송대 역사를 합해 "18사"의 초략抄略이라는 뜻으로 《십팔사략》이라 이름 붙였다. 그러나 내용을 들여다보면 정사만을 기준으로 한 것이 아니며 여러 사서들을 두루 참작하여 재미있는 내용과 시대를 연결하는 중요한 사건들을 중심으로 쉽게 엮은 것이다. 따라서 일화와 인물 중심의 전개가 초학자로 하여금 흥미를 잃지 아니하고 전체 역사의 흐름을 파악할 수 있게 한다. 개인의 일화를 중심으로 한, 치란흥망의 발자취와 엄청난 인간 군상의 삶의 방식을 통해서 현대를 사는 우리가 삶의 지혜를 터득할 수 있도록 배려되어 있다. 또한 고사나 명언 등이 거의 남김없이 수록되어 있어 중국 역사나 사상을 쉽고 흥미있게 익히도록 하고 있다.

정관정요貞觀政要
吳兢(撰)

치국과 처신 처세를 위한 영원불변의 교훈

《정관정요貞觀政要》는 당 태종과 그를 보좌한 명신들과의 정치문답집으로 일찍이 제왕학의 교과서로 평가되어 왔다. 당대의 역사가인 오긍吳兢의 편찬으로 '군도편'에서 '신종편'까지 10권 40편으로 이루어져 있다.

당 태종은 아버지 고조와 더불어 당唐을 건국한 창업자創業者이자 이를 지켜내고 뿌리를 내리도록 이끌어간 수성자守成者이다. 그리고 수성에 성공함으로써 그 거대한 당 제국이 역사 속에서 빛을 발할 수 있도록 한 인물이다.

우리 역시 나라나 사회, 개인과 조직 속에 무리를 이끌어나가면서 창업자로서 이를 어떻게 후세에게 물려줄 것이며, 물려받은 후손은 어떻게 수성해 나갈 것인가를 점검해 볼 필요가 있다. 그리고 자신은 어느 위치에 속해 있으며 어떻게 처신해야 할 것인가에 대해 고민을 해야 한다.

어렵고 힘든 세상을 살아온 기성세대로서는 반드시 자녀에게 해주고 싶은 말이 있고, 또 자신을 돌아보고 이제껏 이룬 업적을 어떻게 유지할 것이며, 앞으로 어떻게 인간관계를 설정하여 나의 정체성과 가치를 이어 나갈 것인가 하는 생각이 들 때가 있을 것이다. 그러한 때에 절대적으로 필요한 책이 바로 이 《정관정요》이다. 이 책 속에 후세 교육에 대한 올바른 길이 적혀 있고, 형이상학적인 덕이 형이하학적인 재물을 창출하며, 나를 비웠을 때 비로소 같은 뜻을 가진 자가 모여들고, 천하를 내 것으로 보았을 때라야 눈앞의 작은 이익을 버릴 수 있음이 곳곳에 간직되어 있다. 또한 시대를 규정지을 수 있는 잣대가 들어 있으며 이 시대 우리의 모습을 다시 바로잡을 수 있는 규칙이 들어 있다. 이러한 잣대와 규칙을 내 것으로 하여 세상을 바라보고 이끌어 나간다면 그야말로 이루어 놓은 업적은 더욱 빛날 것이며, 우리의 미래는 더욱 희망차고 풍요로워질 것이다. 더구나 이 〈정관정요〉는 조선시대 과거시험과 승진 등에 필수과목으로 지정되었던 책이기도 하다. 따라서 오늘날 정치·경제·사회 등 각 분야의 지도자라면 이 책을 늘 곁에 두고 어려운 결정을 내릴 때마다 그 기준을 여기에서 찾는다면 최선의 해결책을 얻을 수 있을 것이다.

울료자 尉繚子
尉繚(撰)

자고로 인류는 전쟁을 통해 무엇을 얻었는가

《울료자尉繚子》는 전국시대 울료尉繚라는 사람이 쓴 병법서로, 송대宋代에 이르러 《손무자孫武子》, 《오자吳子》, 《삼략三略》, 《육도六韜》, 《사마법司馬法》, 《이위공문대李衛公問對》와 더불어 소위 「무경칠서武經七書」 중의 하나로 정리되었고 오늘날까지 전해져 왔다. 군사軍事 문제는 인류가 집단을 이룬 이래 국가의 가장 중요한 업무이면서도 "천 일 길러 한 순간에 써버리는" 생명소모의 흉사凶事임에 틀림없다. 그 때문에 유가儒家에서는 정치의 중요한 사안으로 군사 문제를 거론해 왔다.

이 책의 저자로 알려진 울료尉繚에 대한 구체적인 사적은 알 수 없으며 《사기史記》진시황본기秦始皇本紀 진왕정秦王政(嬴政) 10년(B.C.237)에 그가 진시황을 만나 유세한 기록이 남아 있다. 이로 보아 그는 대량大梁, 즉 당시 위魏나라 수도인 지금의 개봉開封(河南省) 사람으로 전국 시대 말기에 활동했던 인물로 이 《울료자》가 그의 저술인 것으로 짐작할 뿐이다.

이 책은 모두 24편으로 되어 있으나 그 중 〈병교兵教〉와 〈병령兵令〉을 상하로 나누어 실제는 22편인 셈이다. 따라서 《한지漢志》의 29편, 31편과는 차이를 보이고 있다. 전체 14,000여 자로 이루어졌으며, 문장은 일부 순통하지 않아 뜻을 정확히 알 수 없는 부분도 있다. 그러나 내용의 폭이 넓고, 유가儒家의 왕도정치와 도가道家의 무위자연, 법가法家의 강압법치 등이 고르게 스며들어 있어 전국 말기 시대 상황과 군사 개념, 군법 제도 등을 연구하는 데 매우 중요한 자료가 되고 있다.

오늘날의 각박한 세태를 전쟁에 비유하여 처세술이니 용인술이니 하는 '생명이 백척간두에 올랐을 때나 쓰는 전쟁 용어가 마구 횡행하는 이 시대에 유유자적하며 살아갈 수는 없는지 회의를 느낄 때가 종종 있을 것이다. 비록 이 책은 병법서이지만 그 속에 자신의 삶을 투영하여 정신을 키우기에 모자람이 없을 것이다.

사마법 司馬法
司馬穰苴(撰)

전쟁 준비와 전투지휘, 각종 병기와 천시 지리를 말한다

《사마양저병법司馬穰苴兵法》이라고도 하는 《사마법司馬法》은, 동양에 널리 알려진 고대 병법서兵書이다. 춘추 말기 제齊나라 사마양저司馬穰苴가 저술한 것이라고 하지만, 전국시대 중기에 이루어진 것으로 보는 것이 일반적이다.

사마양저司馬穰苴는 전양저田穰苴라고도 하며, 춘추 말기 제齊나라 경공景公 (B.C.547~B.C.490 재위) 때의 사람으로 유명한 재상인 안자晏子(晏嬰)가 내치에 힘쓸 때, 양저는 국방에 힘썼던 인물로 알려져 있다. 《사기史記》의 기록에 의하면 그는 B.C.289년(제齊나라 민왕湣王 3년)에 제, 위, 한의 세 나라 군사를 이끌고 진秦나라를 공격하여 3년의 전투 끝에 함곡관函谷關을 점령하고 진나라의 강화講和를 이끌어내었고, 다시 그 삼국의 연합군을 이끌고 연燕나라를 공격하여 십만 적군을 섬멸하였다고 기록되어 있다. 그러나 뒤에 화를 입어 관직에서 물러나 병법이론을 연구하여 저술을 남겼다고 전해진다.

이 책은 하夏, 은殷, 주周 삼대의 군사제도와 전쟁 경험을 총괄하여 고대의 전쟁 준비, 전투 지휘, 전장 상황, 각종 병기와 군사상 행정 업무, 천시天時와 지리地利, 그리고 인화人和의 중요성, 간첩의 활용, 병사의 심리 파악 등에 대한 초보적인 내용을 다루고 있다.

한대 이후에는 많은 문장이 거의 인멸되어 지금 전하는 것은 〈인본仁本〉, 〈천자지의天子之義〉, 〈정작定爵〉, 〈엄위嚴位〉, 〈용중用衆〉 등 5편에 3,300여자 정도일 뿐이다. 게다가 문장도 추상적이며 너무 간결하여 그 뜻을 정확히 알 수 없을 정도이다.

비록 그 내용에 《사기》와 많은 차이가 있어 지금까지도 의문이 자주 제기되고 있지만, 송대宋代에 「무경칠서武經七書」의 하나로 채택되면서 병법서로서의 가치를 인정받았고 나아가 지금도 이에 대한 연구는 활발히 이루어지고 있다.

육도六韜
姜太公(撰)

국력배양과 전쟁 준비, 지휘와 작전의 요체

《六韜》는 「무경칠서武經七書」의 하나로 중국 고대 병법으로 널리 알려진 책이다. 이 책은 주周나라 초기 강태공姜太公과 문왕文王, 그리고 무왕武王이 천하 통치의 대도大道와 정벌, 군비, 공수 등에 대해 대화하는 형식으로 이루어져 있다. 강태공이 이 책을 지은 것으로 알려지고 있으나 실제 내용과 문자, 문제, 구문의 결구 등으로 볼 때 은주殷周 교체기의 것으로 볼 수 없고, 전국戰國 시대의 후세 사람이 태공망의 이름을 빌려 저술한 것으로 보고 있다. 내용은 여섯 개의 도韜, 즉 문도文韜, 무도武韜, 용도龍韜, 호도虎韜, 표도豹韜, 견도犬韜 등으로 나누어 이름을 《육도》라 하였고, 문무文武 외에 용龍, 호虎, 표豹, 견犬 등의 동물 이름으로 편명을 삼았다.

송대에는 병법서를 '무경武經'으로 격상하고, 당시 가장 중요하게 여겨졌던 7종의 병서를 정리하여 「무경칠서」라 하였다. 송대 인종仁宗은 무학武學을 건립하고 무과武科를 설치하였으며 신종神宗 때에는 무과시법武科試法을 제정하여 고시考試에서 3종의 무서武書(兵書)로써 문답 시험을 치르도록 하였는데 그 중 하나가 바로 이 《육도》였다.

이 책은 이미 한漢나라 때부터 중시되어 널리 읽혀 왔다. 한漢 고조高祖 유방劉邦을 보필하여 천하를 제패한 장량張良은 이 《육도》의 내용을 익혔다고 하였으며, 삼국 시대 오吳나라의 손권孫權은 여몽呂蒙과 장흠蔣欽에게 이 《육도》를 정독할 것을 권한 기록이 있다. 그런가 하면 유비劉備는 《육도》가 사람의 지혜를 늘려주는 훌륭한 필독서라 하였으며, 지모에 뛰어난 제갈량諸葛亮은 이 《육도》를 지극히 소중히 여겼다고 한다.

《육도》는 주로 국가의 국력과 전쟁 준비, 책략과 군사상의 지휘 계통 문제, 그리고 보병, 전차, 기병의 배치와 전투, 무기, 군사 조련 등의 문제를 다루고 있으며 실제 구체적인 상황을 가상하여 놓고 그러한 경우 작전을 거쳐 승리를 도출하는 방법을 설명하고 있다.

삼략三略
黃石(撰)

장수를 제어하고 병사를 통솔하는 힘은?

《삼략三略》은 《황석공기》, 혹은 《황석공삼략》이라고도 하며 「무경칠서武經七書」의 하나이다. 흔히 《육도》와 함께 《육도삼략》이라고 칭해지기도 한다. 《삼략》이라는 이름은 책 전체를 〈상략〉, 〈중략〉, 〈하략〉으로 나누어 그 이름이 지어진 것이며, 원문이 겨우 3,800여자에 불과하여 비교적 짧은 문장으로 정치나 병법의 요점을 정리하고 있다. 이 책의 저자는 옛 기록에 모두 황석공黃石公으로 되어 있으나 실제로 역사 속에 생존했던 인물로 보기는 어렵고 아마 유방劉邦을 도와 한漢 제국을 건설한 유후留侯 장량張良의 고사를 근거로 지었을 가능성이 크다.

《삼략》에는 중국식 병법의 진수가 응축되어 있어 예부터 병법서의 고전으로 널리 읽혀 왔다. 《손자병법》 등의 다른 병서에 미치지 못하는 부분도 있지만 병법 사상을 계승한 면에서는 전혀 손색이 없으며 나름대로 군사 철학을 잘 반영하고 있다.

병가의 목표는 당연히 전쟁에서의 승리이지만 최종, 최선의 목적은 싸우지 않고 이기는 '덕치강국德治强國'을 만들려는 것이다. 병서의 특징이 전략, 전술 위주라면 이 책의 내용은 장수를 제어하고 병사를 통솔하는 것은 물론 군주의 덕德과 교화, 외교와 안국安國을 위한 수단으로서의 전력이지, 전력 자체가 국가 통치의 전부가 아님을 강조한 면이 돋보인다. 게다가 전쟁에 승리하고 나서의 내부 뒤처리와 군권의 회수, 작록과 봉지를 통한 대우는 왕권 상실의 위험을 제거하기 위한 책략이기도 하지만, 장수의 입장에서도 전공보신全功保身, 즉 이제껏 세운 공을 보전하면서 자신을 안전하게 지키는 호혜수단이라는 논리는 색다른 부분이다.

《손자병법》이 '전략戰略'을 주제로 한 책이라면 이 《삼략》은 '정략政略'을 주제로 한 책이다. '병가' 고유의 이론보다는 '유가'의 인의예지를 근간으로 하였으며, 왕도와 패도를 함께 실시하되 삼황오제三皇五帝의 덕치를 최상의 목표로 삼고 있기도 하다.

이위공문대 李衛公問對
李靖(撰)

용병원칙, 군대편제와 진법, 군사훈련과 변방통치술

이 책의 원래 명칭은 《당태종이위공문대唐太宗李衛公問對》이며 줄여서 흔히 《당이문대唐李問對》, 혹은 《이정문대李靖問對》라고도 하는데, 《이위공문대李衛公問對》로 가장 널리 불리고 있다. '문問'은 당 태종의 질문이며, '대對'는 이위공(이정)의 대답이라는 뜻이다.

태종太宗은 당唐나라의 제2대 황제로 이름은 이세민李世民(599~649)이다. 고조 이연李淵의 둘째아들로, 아버지의 뒤를 이어 황제의 자리에 올랐다. 628년 천하를 통일하고 626~649년까지 23년 간 재위하였으며, 수隋나라가 망한 것을 거울삼아 《정관정요貞觀政要》 등을 지은 것은 널리 알려져 있다. 특히 이 시대는 중국 남북조와 수나라를 이어 오면서 혼란기를 마감하고 미증유의 발전을 이룩한 시기였다. 이 책의 지자인 이정李靖(571~649)은 당나라 초기의 군사가로 태종 때 동돌궐東突厥, 토욕혼吐谷渾 등을 정벌한 공로로 위국공衛國公에 봉해졌다. 그 때문에 그를 흔히 '이위공李衛公'으로 부른다.

이 《이위공문대》는 송宋나라 때 정리된 「무경칠서武經七書」의 하나로서 병법서로 분류되어 널리 인용되고 있다. 이 책은 당 태종이 병법과 통치에 대하여 이정에게 묻고, 이를 이정이 대답하는 형식의 대화체로 이루어져 있는데, 고대 병법서의 구절이나 내용을 근거로 분석하는 형식을 취하고 있다. 그리고 다시 용병의 원칙을 들어 각종 사례를 들어 설명하면서 논증을 가하여 「무경칠서」의 전대前代 적의 병법 내용을 고증하고 의미를 재해석하는 방법으로 전개된다. 질문과 대답은 상호 대답과 설명을 유도하는 형식으로 되어 있는데 이를 방증하기 위한 출전의 예가 52가지나 거론된다. 이처럼 역사상 전쟁을 오로지 용병의 관점에서 분석한 것은 다른 병법서에서는 찾아보기 어려운 예이다. 아울러 당시의 용병 원칙과 군대의 편제, 진법, 군사교육과 훈련, 변방 통치 방법 등에 대한 것은 고대 군사뿐 아니라 당나라의 구체적인 이민족 통치술에 대한 연구에도 귀중한 자료가 되고 있다.

삼십륙계 三十六計
編者未詳

적재적소 인용된 촌철살인의 예화와 고사

"삼십륙계 줄행랑이 상책"이라는 말은 누구나 알고 있을 것이다. 또 '미인계美人計'나 '고육책苦肉策' 같은 말도 들어본 적이 있을 것이다. 이것들이 바로 이 책에서 유래된 것이며 지금도 널리 쓰이고 있다. 이 《삼십륙계》는 전문적으로 모략謀略을 설명한 병법서로서 이름 그대로 36가지의 계책을 말한다. 명 말기부터 청초 사이에 민간에 널리 퍼졌던 것으로, 어느 시대에 누구에 의해서 정리된 것인지는 명확하지 않다.

그러나 '삼십륙계'란 말은 상당히 오래전부터 사용되어 왔다. 이미 《남제서南齊書》란 책에 이 말이 보이고 있다. 따라서 이 《삼십륙계》란 책은 후세 사람이 그것을 참고하여 정리한 것으로 보이며, 예전에는 그다지 일반적이지 않았으나 최근에 재발견되어 각광을 받고 있다.

책의 내용은 승전계勝戰計, 적전계敵戰計, 공전계功戰計, 혼전계混戰計, 병전계倂戰計, 패전계敗戰計 등의 모두 6편으로 구성되어 있다. 그 중 앞의 세 가지 계책은 자신의 입장이 우세할 때의 계책이며 뒤의 세 가지는 자신이 불리할 때의 계책이다. 거기에 각각 6계씩 더한 36계로 이루어져 있다.

실제 원문은 몇 글자 되지 않고 게다가 《주역》의 괘사卦辭나 단사彖辭, 상사象辭, 효사爻辭의 구절을 인용하여 제시하고 있어, 얼핏 보아선 무슨 뜻인지 알아차리기 어렵다. 그리하여 후대 사람이 이를 알기 쉽게 풀이하여 전체적인 뜻을 밝힘과 아울러 역사적으로 있었던 고사를 실어 매우 흥미롭게 꾸며놓았다. 인용된 고사나 예화는 아주 적절하고, 또한 촌철살인의 내용으로 이 책의 일면을 더욱 감지할 수 있게 한다.

《삼십륙계》에는 이 같은 책에 흔히 있는, 비현실적인 요소도 없으며 유연하고도 합리적인 사고가 일관되어 있다. 비록 속임수와 기만전술의 극치를 다루고 있기는 하지만 이 36가지의 병법 계책 속에 삶의 지혜를 포함하고 있는 것이다.

소학小學
朱熹(編)

누구나 갖추고 지켜야 할 기본 예의 예법

'소학小學'이라는 어휘는 대체로 세 가지 뜻을 가지고 있다. 특히 《대학大學》의 하위개념으로 어린 아이 때에 익혀야 할 도덕규범의 구체적인 첫 단계라는 뜻이다. 즉 고대 중국의 교육제도, 넓은 의미의 문자학, 그리고 송대 주희朱熹의 주관으로 편집된 책이름이다. 이들은 서로 연관성을 가지고 있으면서 동시에 약간씩 달리 쓰이고 있다.

책이름의 《소학小學》은 중국 송나라의 유자징劉子澄이 주희의 가르침으로 지은 초학자들의 수양서로, 예법과 선행, 충신과 효자의 사적, 격언 등을 고금의 책에서 뽑아 편찬하였다. 이 《소학》에서 배우는 과목은 《맹자》에서 말한 오륜五倫이 그 기본이지만 그 외에도 뒤에 세분화되고 구체화되어 소위 삼사三事(三物) 즉, 육덕六德(知, 仁, 聖, 義, 忠, 和), 육행六行(孝, 友, 睦, 婣, 任, 恤), 육예六藝(禮, 樂, 射, 御, 書, 數)를 과정별로 가르쳤을 것으로 보고 있다. 이 내용은 《주례周禮》 대사도大司徒에 자세히 실려 있으며 본 《소학》 입교편에도 전재되어 있다. 이들은 모두 결국 인간 윤리의 기본이며 그 중 어린 아이로써, 혹은 어릴 때부터 익히고 갖추어야 할 덕목이며 구체적으로는 쇄소灑掃, 응대應對, 진퇴進退의 절도와 애친愛親, 경장敬長, 융사隆師, 친우親友의 세심한 행동과 실천이다.

《소학》이 우리나라에 언제 전수되었는지는 정확한 기록이 없어 알 수 없지만, 고려 말 안향安珦이 충렬왕을 따라 원나라에 들어가 《주자전서朱子全書》를 가지고 돌아올 때, 이미 그것보다 백 년 전에 나온 이 《소학》을 함께 가지고 들어왔을 가능성이 있다. 그리고 조선의 억불숭유抑佛崇儒 정책에 따라 이 책은 자연스럽게 환영을 받게 되었으며 아동 계몽을 위한 가치를 넘어 가장 쉽게 성리학의 기본 개념에 접근할 수 있는 내용을 담고 있어 유용한 자료로 활용되었다. 그리고 문장이 쉽고 내용이 보편적이어서 서당 교재로 사용하기에도 적당하여 일반 백성들에게 널리 퍼지기가 쉬웠던 것이다. 어릴 때에 이 《소학》을 한 번 온전히 읽었다면 그릇된 행동을 할 사람은 만에 하나도 없을 것이다.

천자문千字文
興嗣(編)

"하늘천 따지 검을현 누르황…" 소년의 벗 《천자문》

《천자문千字文》은 《천문千文》, 《천자千字》라고도 하며 중국의 대표적인 어린이용 몽학서蒙學書이다. 중국에서는 '삼백천三百千'이라 하여 《삼자경三字經》, 《백가성百家姓》, 그리고 이 《천자문》을 어린이 입문서의 기본으로 여겨오고 있다.

《천자문》은 단순히 낱개의 글자를 익히는 단계를 넘어, 서예 습자, 문장 이해, 초보적인 운문 습득 등의 다양한 효용방법으로 널리 애용되어 왔다. 《천자문》 이전의 여러 몽학서에 비해 내용이 정밀하고 표현이 아름다우며 낱자 1천자를 4자씩 한 구절로 하여 두 구절 끝에 압운을 넣어 쉽게 낭송할 수 있도록 하여 초학자에게는 더없이 이상적인데다가 황실 제왕諸王의 학습교재였다는 점에서 그 지명도와 신인도가 높아 널리 퍼져나갈 수 있었다. 그리하여 《천자문》은 아동 습자용으로는 그 어떤 교재도 뛰어넘을 수 없는 최고의 자리를 굳히게 된 것이다.

《천자문》은 문장이 유려하고 내용 또한 풍부하며 운문으로 되어 있어 읽고 외우기에 적합하다. 그러나 문장이라기보다 압축한 내용을 그대로 글자 수에 맞춘 부분도 일부분 있다. 그 때문에 경우에 따라서 주석 없이는 내용을 알기 어려운 부분도 있으며, 배경 고사를 설명해 주어야 어린이들이 이해할 수 있는 것도 있다. 그럼에도 불과 1천 자의 낱자 모음을 재구성하여 하나의 의미를 전달하는 문장으로, 게다가 운문으로 편찬한 재능은 가히 신기神技에 가깝다 할 수 있으며 그 속에 윤리, 도덕, 역사, 문물, 인물, 충효 등에 대한 개념과 내용들까지 담아내고 있다.

《천자문》이 출현한 뒤에 송宋이후로 동몽서는 끊임없이 쏟아져 나왔다. 이들 동몽서는 아동 교육을 위한 것인 만큼 내용이 평이하며 통속적이지만 지식 전달과 교양을 쌓기 위한 교재로서 지대한 공헌을 해왔다. 이처럼 천자문은 지금까지 널리 칭송을 받으면서 그 가치를 발휘해 온 것이다.

노자老子

李耳(著)

현묘의 도는 비움의 본체, 비움 정신, 비움 현상!

중국 사상의 양대 산맥은 유가儒家와 도가道家이다. 이 두 산맥이 중국 수천 년 철학을 이어왔고, 동양적 사유의 원천이 되어 왔다. 총 81장 5천여 자밖에 되지 않는 《노자老子》는 그 기록 과정부터 신비에 쌓여 있으며 지금까지 수백만 언言의 주석注釋과 풀이를 낳았다.

도가는 도道라고 하는 추상적인 우주 본체의 원리를 현묘하게 설정하고, 이에 따라 만물의 철리와 생성소멸의 도에 대한 이치를 궁구해 보고자 한 일파의 주장이다. 그러면서 다른 제가諸家들보다는 훨씬 높은 경지를 내세우며, 시기적으로도 매우 앞서 발원한 것으로 보고 있다.

《노자》는 단순히 "영구불변의 도를 하나의 원리로 설정하여 추상적이고 현묘玄妙한 체계로 압축하여 표현했다"고 여기기에는 너무나 어렵고 아득하다. 따라서 이를 구체적인 사례로써 검증할 수 없었기 때문에 수천 년을 두고 연구하고 믿고 인용해 온 기서奇書 중의 기서이다. 게다가 이 글은 운문韻文이 주를 이루고 있으며, 수려한 대구對句와 극단적인 부정否定을 통하여 긍정肯定을 유도하는 화법을 쓰고 있다. 그런가 하면 문법 구조나 문장 체제조차 제대로 갖추지 않아 난해하기가 이를 데 없다. 이처럼 《노자》의 문장은 단순한 상식 어법을 뛰어넘고 있어, 드러난 표현만으로는 어느 것 하나 도저히 그 뜻을 이해했다고 쉽게 단정할 수 없는 것이 대부분이다.

《노자》는 선진제자학先秦諸子學에서 《장자莊子》·《열자列子》와 더불어 '도가 삼서道家三書' 중 최고의 사상서였으며, 위진남북조魏晉南北朝의 현학玄學에서는 《역易》·《장자》와 더불어 '삼현학三玄學'의 대표적 연구서였다. 그런가 하면 당대唐代 도교道敎의 흥성에 힙입어 《남화진경南華眞經, 莊子》·《충허지덕진경冲虛至德眞經, 列子》과 더불어 《도덕경道德經》이라 하여 '도교삼경道敎三經'의 종교 경전으로 격상되기도 하였다. 이제 이 책을 통해 아득하고 현묘한 세계를 유람할 수 있도록 원문을 도식화하고 해석도 새롭게 꾸며보았다.

장자莊子

莊周(撰)

"세속을 떠나 참된 나를 알아보라!"

《장자莊子》의 저자 장자는 통이 크고 끝간 데를 알 수 없이 현원玄遠한 생각을 가진 특이한 인물이다. 그는 노자의 도道에 근거를 두고 유심주의唯心主義의 신비한 색채를 띠고 있었으며, 무위자연無爲自然의 큰 도를 주장함과 동시에 인위를 배척하였다. 그리고 유가의 인의仁義 따위는 한갓 속박을 위한 것일 뿐이라고 치부하였다. 만물의 상대성을 강조하고 주관적 인식론을 제창하여 인간으로서의 관점과 시각을 무한대로 확장시킬 수 있는 기틀을 마련하였다. 그리하여 달생達生과 망아忘我 등의 고답적 경지에 대한 개념을 설정하기도 하였으며, 그를 바탕으로 숙명론, 명정론命定論 등을 과감하게 대체론大體論에 접합하여 우주 만물에 대한 평등 개념과 관유觀游의 새로운 세상을 열어 보여주기도 했다. 제자백가의 많은 책 중에서도 가장 이채롭고 문학적 상상력의 보고라고 일컬어지는 《장자莊子》는 10여만 언言에 이르는 방대한 양이며 노자에 기초를 두고, 유가와 묵가를 맹렬하게 배척하고 있다. 이 책의 저자 장주莊周는 전국시대 송宋나라 몽蒙 사람으로 전설적인 철학자이다. 노자老子와 열자列子의 사상을 이어받아 도가의 대표 학자로 '노장老莊'이라 병칭되기도 한다. 장주의 활동 시기는 대체로 전국시대이지만, 그는 당시 풍조인 세객들의 유세에 대해서 오히려 초연한 태도를 보였을 뿐 아니라, 세속의 현달에 대해서는 부정적 시각까지 지니고 있었다.

장자의 사상은 인간성 회복을 근간으로 하여 새로운 가치창조의 원천으로 활용할 수 있을 뿐만 아니라, 인간이 도리어 현대 문명에 압박받는 현대인에게 새로운 의의와 반성을 갖도록 인도할 것이다. 《장자》는 내편, 외편, 잡편으로 나뉘어 모두 33편, 241장으로 편성되었다. 그 중 내편은 장자 자신의 저술이지만 외편과 잡편은 장자의 문인 제자 또는 도가 학술을 신봉하는 이들이 쓴 것으로 본다. 이제 이 《장자》를 통해 무위자연의 먼 여행을 떠나 '참 나'를 찾아보는 계기가 될 것을 기대한다.

열자列子
列禦寇(撰)

세상 만물에 대해 질문을 던지다!

열자列子는 중국 전국시대의 사상가로 이름은 어구禦寇이며,《열자列子》는《노자》,《장자》와 더불어 '도가삼서道家三書'의 하나로 일컬어진다. 이 책은 실제 장자보다 시기적으로 앞선 열어구列禦寇의 철학과 사상을 기록한 내용이다. 일부에서는 열어구가 실존 인물이 아니며, 이 책 자체도 진晉나라 때의 위작이라고 주장하기도 하지만 그 내용의 깊이와 논증의 확대는 앞의 두 책과 맥락을 같이한다.

노자는 현상의 본원을 도道라고 불렀으나 열자는 도를 태역太易이라고 바꾸어 불러 천지만물을 생성시키는 관점을 설명한다. 이를테면 우리가 알고 있는 '기우杞憂'는 "하늘이 무너질까 겁을 내는 쓸데없는 걱정"이 아니라 원전의 뜻은 "하늘이 무너질까 걱정하는 사람이 있는 것이 정상"이라는 뜻이다.

지금 우리가 상상하는 모든 것이 하나하나 실제 현실로 구현되는 것이 오늘날 현대의 문명이다. 이러한 생각은 바로 열자에서부터 시작된 것이라 하겠다. 있을 수 있는 모든 일에 대한 긍정, 즉 '우공이산愚公移山', '과보축일夸父逐日', '망양기로亡羊歧路', '기창학사紀昌學射', '황제등선黃帝登仙', '관포지교管鮑之交', '백아절현伯牙絶絃', '한아가곡韓娥歌哭', '편작치의扁鵲治醫'와 같은, 우리에게 널리 알려진 고사와 성어들도 바로 이《열자》에 수록되어 있다.

이들 내용은 일정한 어떤 높은 경지에 오른 사건과 인물들을 아주 핍진하게 표현, 상상 밖의 지극함이 무엇인지 구궁해 보려는 것으로 귀결된다. 따라서 우주 밖 태초의 천지개벽, 태어나서 죽기까지의 자연법칙, 만물의 생성과 소멸, 꿈과 현실 등에 대해 문제를 던지며 현묘한 원리를 풀고자 하였다.《열자》속에는 생존의 격렬한 투쟁이 없다. 삶 자체의 행복과, 변화와 소멸의 자연스러움도 받아들일 수 있는 평온함이 있을 뿐이다.

지금 전하는 8편 139장을 통해 "이곳에는 은이 없다此地無銀"라고 성급히 단정하기보다는 "혹 금을 주울지도 모른다或有拾金"는 심정으로 읽어보면 황금보다 귀한 천리를 얻게 될 것이다.

안자춘추晏子春秋
編者未詳

"회수 남쪽에 심으면 귤, 북쪽에 심으면 탱자가…"

《안자춘추晏子春秋》는 중국 춘추시대春秋時代 공자와 같은 시기의 제齊나라 안자晏子의 언행을 기록한 책으로 후세 사람이 그의 일화를 모아 편찬한 것이다. 안자는 이름은 영嬰, 자는 평중平仲이며 이유夷維땅 출신으로 관중管仲과 더불어 춘추시대를 대표하는 두 명의 명재상名宰相 중의 한 사람이다. 두 사람 모두 제나라 출신이며 안자는 춘추 말기 영공靈公, 장공莊公, 경공景公 세 임금을 한 마음으로 섬겨 기울어져 가는 세기말의 예교禮敎를 바로잡으려 애썼다. 기록을 통해 보면 그의 외모는 볼품없었으나 언변과 재치가 아주 뛰어나서 그가 남긴 고사만 해도 수없이 많다. 그의 말솜씨는 유모어와 비유에 근본을 두고 남에게 상처를 주지 않으면서도 바른 길로 인도하는 것이어서 천하제일의 설득가라 할 수 있다. 우리에게도 많이 알려진 '안자사초晏子使楚', '경공애마景公愛馬', '술에 전 임금', '삼사三士'의 이야기 들이나 그밖의 이야기마다 가슴을 저리게 하는 감동의 고사들은, 지금처럼 인간 관계 속에 고통받는 사회인이라면 배우고 따라해 볼 만한 본보기들이다.

《안자춘추》는 크게 내편1-6과 외편7-8 등 총 8편 215장으로 이루어져 있다. 딱딱한 언어로 이루어진 유가의 다른 경전들과 달리, 이《안자춘추》에는 이야기와 교훈이 있으며 주변 사건들에 대한 명쾌한 해결 방법이 제시되어 있다. 그 때문에 안자의 사상에 대한 주제 분류를 할 때, 질서유지와 경經을 근간으로 하는 유가儒家에 넣기도 하고 검약과 박애를 근본으로 하는 묵가墨家의 반열에 넣기도 한다. 결국 안자의 사상은 유묵겸통儒墨兼通의 독특한 윤리세계를 이루고 있는 것이다.

세상 사람들은 누구나 일인자一人者가 되고자 한다. 그러나《안자춘추》는 이인자二人者의 가치가 발휘될 수 있고, 그 존재가치가 인정되는 세상이야말로 살맛 나는 세상임을 시사하고 있다. 안자의 기발하고 번뜩이는 재치는, 그 바탕이 선하고 인간적이며, 나아가 주객 누구도 상처받지 않도록 양쪽 모두 인정한다. 기지機智와 해학 또한 가득하다.

열녀전 제女傳
劉向(撰)

덕행과 악행으로 세상을 흔든 여인들

중국인이라면 "하늘의 반은 여자가 이고 있다婦女能頂半邊天"는 말을 누구나 알고 있다. 역사의 흐름 속에 여인이 작용하지 않은 변화는 있을 수 없으며, 여인의 존재 없이 이루어진 공이나 업적이란 세상 어디에도 없다.

《열녀전列女傳》은 역대 여인들의 이야기를 한나라 때 유향劉向이 모아 전기체로 쓴 것으로 일명 《고열녀전古列女傳》이라고도 한다. 유향은 성제成帝(서한 8대 황제)의 외척들이 조정을 휘두르거나 애첩들이 총애를 등에 업고 저지르는 온갖 악행을 직접 목격하였다. 이에 통치자들과 주위의 여인들로 하여금 계감誡鑑으로 삼도록 하기 위해 고금古今 여인들의 각종 언행과 행태를 유형별로 나누어 전傳으로 찬집한 것이다. 동일한 생명과 존재 자체로서의 가치를 지닌 여인들을 어떤 유형으로 나눈다는 자체가 모순일 수 있겠지만 먼 한나라 때의 궁중과 사회의 기풍을 바로잡으려는 목적으로 쓴 것임에도 지금까지도 시사하는 바가 크다.

그 중 우리에게 널리 알려진 맹모삼천지교孟母三遷之教도 바로 이 책이 최초의 원전이다. 어머니로서의 여인과 여자로서의 여인, 그런가 하면 사회 구성원으로서의 여인 등 처한 조건과 환경에 따라 그 삶의 가치를 달리 표현한 이들의 이야기는, 지금도 우리 인구에 회자되고 있다. 그 중 우리가 알고 있는 역사 속의 위대한 여인, 온갖 음행으로 이름난 달기나 포사, 나아가 목숨을 바쳐 정의를 지킨 여인들과 정절로 사회 기풍을 바로잡은 표본이 되는 여인 등, 그 유형에 따라 얼마든지 지금도 선악의 잣대가 되며 따라 배울 표본이 되는 여인들을 망라하고 있다.

이처럼 《열녀전》의 여인들은 학술적인 연구 자료의 가치를 넘어 지금의 우리에게 많은 것을 시사하고 있다. 시대의 변화에 따른 여성관과 가치, 그리고 여성의 존재에 대한 모든 기준을 이 책에서 찾을 수 있다. 이를 통해 역사 속의 여인들을 다시 한 번 되짚어 볼 수 있는 기회로 삼고, 아울러 오늘날 우리가 마주치는 여러 문제들을 해결할 수 있는 자료로 활용할 수 있을 것으로 여긴다.

신선전 神仙傳
葛洪(撰)

"문 열라, 대 불로장생 술법 왕께 전하리라!"

시선詩仙으로 불리는 이태백李太白은 "무릇 천지天地는 만물이 잠깐 머무는 여인숙이요, 세월은 영원을 두고 지나가는 손님일 뿐, 덧없는 인생 그야말로 꿈과 같은 것이니 누릴 즐거움이 그 얼마나 될꼬?" 하고 읊었다.

한번 죽고 나면 다시는 이 세상을 볼 수 없다는 것은 이 세상에서 부귀영화를 마음껏 누려본 자는 물론이려니와 설령 힘들게 이 세상을 산 자라 할지라도 안타까운 일일 것이다. 먼 옛날의 사람들도 지금 우리와 똑같은 생각을 하여 유한한 삶을 무한으로 바꾸어 보려고 노력하였다. 그들은 지금의 우리처럼 유한한 생명을 숙명으로만 받아들이지 않고 상상의 세계를 실천하기도 했다.

《신선전神仙傳》은 동진의 갈홍葛洪이 신선들에 대한 기록을 모아 편찬한 10권의 지괴소설志怪小說이며 신마소설神魔小說인 동시에 도교 경전 중 전기류에 해당한다.

여기에 나오는 84명의 신선들은 거의 수백 년을 살아 일반 사람들이 몇 대에 걸쳐 그를 보았으며, 온갖 마술과 도술, 방술, 환술을 부렸다고 기록되어 있다. 이 신선들은 각기 연단복약煉丹服藥, 은형변화隱形變化, 장생불로長生不老, 백일 승천白日昇天 등 온갖 상상력이 동원된 인간 한계 극복의 극치를 보여 주고 있지만 이것이 완전히 허구요 미신이라고 치부하기에는 인간 세계의 또 다른 모습을 제시하고 있다는 면에서 흥미와 가치를 더해준다. 특히 도교나 선교의 세계에서 꿈꾸는 이상 세계를 실제 상황으로 연출하고 있어 높은 종교의 한 형태이자 민간 풍속과 토속 신앙의 한 부류를 보여주는 것이라 여기는 편이 합당할 것이다. 이러한 중국인의 신선 세계에 대한 사고는 도교, 선교라는 종교로 승화하여 지금까지도 존속하고 있다.

《신선전》은 당시 위진 지괴소설이나 도교 신선의 특색을 가장 잘 반영한 작품 중의 하나인 동시에 당시 사회 풍조와 문화기층, 인간 내면의 희구와 열망을 극도의 별개 세상으로 설정한 뛰어난 창조물이라 할 수 있다.

손자孫子
孫武(撰)

"지피지기知彼知己면 백전불태百戰不殆"

이 명언은《손자孫子》에서 비롯된 말로, 전쟁만이 아니라 일상 속에서도 처세술의 하나로 오늘날까지 널리 인용되며 활용되고 있다.

《손자》는 병법서의 대표적인 고전으로《오손자병법吳孫子兵法》,《손자병법孫子兵法》등으로도 불린다.《손자》에 '오吳'자가 더 붙은 이유는, 그가 제齊나라 출신이지만 오나라 합려의 밑에서 장군으로 활약했기 때문이다.《손자》는 중국 병법서 중에서 가장 널리 알려진 책으로,「무경칠서武經七書」의 첫 번째 병서이며 세계적으로도 '병법의 비조鼻祖'로 불린다. 모두 13편으로 되어 있으며 총 5,900여 자(혹 6,109)로 지금 남아 있는 것은 실제《한서》에서 말한 82편과 차이가 있으나 그래도 그 원의는 충분히 파악할 수 있는 분량이다. 저자 손무孫武는 춘추 말기 제나라 사람으로 알려져 있으나 그 생몰 연대는 자세히 알 수 없다.《사기》의 손자열전에는 손무와 손빈孫臏이 같은 전에 실려 있으며, 손무의《손자병법》과 그의 후손인 손빈의《제손자齊孫子(孫臏兵法)》가 전해지고 있는 사실로 보아 이들 무리는 모두가 병법에 뛰어난 일가를 이루고 있었던 것이다. 그들 병법의 발전은 중국 고대 군사학의 기초를 이루었고 오기吳起의《오자吳子》와 더불어 '손오병법孫吳兵法'이라 병칭되어 이미 수천 년 동안 동양 병가의 경학으로 널리 연구되어 왔다.

이 책은 본래 병법서이므로 승리하기 위한 전략 전술, 패배하지 않기 위한 전략 전술로 가득하다. 그러나《손자》의 매력은 그와 같은 싸움의 원리에만 있는 것은 아니다. 그 가운데에서 전개되는 전략 전술론이 인간에 대한 깊은 통찰에 의해서 뒷받침되고 있어, 전쟁뿐만 아니라 인간관계의 모든 면에 걸쳐서 응용할 수 있는 점에 또한 매력이 있다. 2천 5백여 년 전에 쓰인 것이지만 그 내용은 결코 낡은 것이 아니다. 오히려 현대를 살아가는 우리가 이 책에서 많은 것을 얻게 될 것이다.

오자吳子
吳起(撰)

전국 칠웅이 다투어 부국강병 꾀할 때의 병법서

《오자吳子》는《손자》와 함께「손오병법孫吳兵法」으로도 일컬어지며, 병법으로서만이 아니라 인생의 처세술로, 사람을 다루는 용인술로도, 그리고 천하 경략의 통치술로도 얼마든지 활용할 수 있는 지혜가 담겨 있다. 전국 초기 칠웅七雄이 각각 부국강병에 힘쓸 때, 오기吳起가 위魏나라 문후文侯, 무후武侯 두 군주와 함께 나누었던 병법과 용병에 관한 대화와, 진秦나라의 50만 대군을 물리친 짧은 이야기들로 이루어져 있다.

오기는 위衛나라 사람으로 증자曾子와 자사子思에게 학문을 배웠으며 스스로 병법을 연구하여 대성을 이루었다. 노魯나라의 장군이 되어 제齊나라 군사를 대패시켜 공을 세웠으나 대신들의 미움을 사 위魏나라로 망명하여 위 문후에게 중용되었다. 오기는 원래 명예를 중시하고 잔인했으나, 과감하고 용병에 뛰어나 전국시대에 유명한 개혁 정치가인 동시에 군사가로 널리 이름을 날렸다. 그리하여 지금까지도 여러 사서史書와 전적典籍에 그의 일화와 어록이 전해지고 있다.

처세술의 결론은 덕과 인의이지만 이 책이 사람의 이목을 끄는 것은 오기에게 정의를 실행할 수 있는 힘이 있기 때문이리라. 아무리 인과 덕을 부르짖어도 힘이 없으면 그 정의를 실천할 수 없다. 용병이라는 것이 나라 사이의 전쟁에만 적용되는 것이 아님을 절감할 때가 한두 번이 아니다.

오기는 장군이 되어서도 언제나 병사들과 먹고 입는 것을 똑같이 하였으며, 늘 병사들과 고락을 같이 하였다. 어느 날 병사 한 명이 종기로 고생하는 것을 보자, 그는 그 고름을 입으로 빨아냈다. 그 병사의 어머니가 그 소식을 듣고 울자 어떤 이가 그 이유를 물어 이렇게 대답했다. "지난해에도 오기 장군께서 그 애 아비의 종기를 빨아 주었습니다. 아비는 감격한 나머지 끝까지 싸우다 전사했습니다. 지금 또 아들의 종기를 빨아 주었으니 아들도 결국 어디선가 목숨을 걸고 싸우다 죽을 것입니다." 오기가 남긴 이러한 일화는 수천 년을 지난 지금도 여러 사람들의 입에 오르내리고 있다.

삼자경 三字經王
王應麟(撰)

가장 완벽한 내용 갖춘 한문학 입문서

《삼자경》은 중국에서 가장 오랜 기간 보편적으로 이용되어온 어린이용 국학 교재이며 몽학서이다. 우리나라에서도 조선시대 출간되어 널리 이용되어 왔으며, 중국에서는 흔히 『삼백천三百千』이라 하여 이 《삼자경》과 《백가성百家姓》, 《천자문千字文》 세 종류를 몽학서의 꽃으로 여겨왔다. 그리하여 지방마다 방간본坊刊本이 흥행하였고, 서당마다 어린이 필독 학습서로 낭송되었으며, 집집마다 소장하여 그 지위를 잃지 않고 이제껏 이어오게 되었다. 그 중 이 《삼자경》은 아주 짧은 분량이지만 그 내용은 초보적인 경사자집經史子集은 물론, 도덕 상식, 예절, 인의, 권학, 고사 등 언급하지 아니한 것이 없다. 게다가 중국의 역사, 학술, 민속, 지리, 사상 등 전반에 대한 모든 것을 쉽게 정리해 놓았다. 송대에 시작되어 근현대에 이르도록 끊임없이 증보되고 보충되어 어린 아이들이 전체적인 흐름을 한 번에 익힐 수 있도록 편집이 거듭되어 왔다.

《삼자경》은 아직 가소성可塑性을 가지고 있는 어린아이들이 흥미를 가지고 동기를 갖게 할 수 있는 교재이며, 일찍이 이러한 관점에 맞추어 교육 자료로 개발되었지만, 어린이용 몽학서라 해서 가볍게 볼 것이 아니다. 아이들의 꿈을 심어주고 인성을 계발하며, 사회성을 길러주어 어울려 살 수 있도록 하며, 자신의 정당한 노력만이 훌륭한 결과를 얻는다는 긍정적 사고를 유도하는 이상적인 교재로서 가치가 충분하다. 이 책은 중국 사람이 아닌 우리에게도, 그리고 어린아이가 아닌 어른에게도 우리가 살아온 이 동양의 역사 맥락과 사유 체계를 훑어볼 수 있도록 해준다.

《삼자경》은 청淸 옹정雍正 5년1727에 러시아어로 번역되어 지금도 전하고 있으며, 그 밖에 일어, 영어판 등도 나오게 되었다. 1990년, 유엔 유네스코에서는 싱가포르에서 출간된 《삼자경》을 「아동도덕총서兒童道德叢書」로 선정하였고 지금도 그 가치는 인정받고 있다.

백가성 百家姓
作者未詳

글자를 쉽고 빠르게 익히며 키우는 이웃사랑

《백가성》은 《삼자경》·《천자문》과 함께 소위 '삼백천三百千'이라 불리는 중국 고대의 대표적 아동 동몽서童蒙書 중 하나로 504개의 중국 성씨를 운에 맞추어 정리한 평범한 몽학서이다. 중국 송宋나라 건국(960)부터 오월국吳越國이 송나라에 귀순한 978년 사이에 이루어진 것으로 보고 있으나 이 책의 작자는 알 수 없다.

4자 8구에 압운을 한 운문韻文 형식을 취하고 있으며, 책의 첫머리가 "조전손리趙錢孫李"로 되어 있다. '조趙'는 북송의 개국 군주 조광윤趙匡胤의 국성國姓이며, '전錢'은 오월국 국왕 전류錢鏐의 성씨, 그리고 '손孫'은 전류의 손자 전숙錢俶의 정비正妃이며, '이李'는 남당南唐(937~975) 군주 이변李昪을 가리킨 것이다.

이 책은 그저 성씨를 나열한 것으로 그 순서에 기준은 없고 뜻이 있는 문장을 이룬 것도 아니지만 운에 맞추어 읽고 외우기에는 더없이 좋은 책이다.

이 《백가성》은 《삼자경》이나 《천자문》과 함께 아동 몽학서로 그 이름을 널리 떨치고 있지만, 실제 《삼자경》이 송대 대유大儒 왕응린王應麟이라는 이름이 관련된 점이나 《천자문》이 양梁 무제武帝와 왕희지王羲之, 지영智永 등 엄청난 권위와 영향력이 있는 대가들과 연관된 점에 비하면 편자의 이름도 없고 문장도 이루지 못한 통속본일 뿐이었다. 그럼에도 지금까지 널리 읽히고 퍼진 이유는, 누구나 가지고 있는 성씨라는 것을 자료로 삼아 아동들로 하여금 문자를 익힘과 함께 주위 함께 사는 이웃의 서로 다른 성씨를 익히고 이해함으로써 화합과 단결을 통해 유기적 공동체를 이룰 수 있도록 해왔기 때문이다.

우리나라 성씨 중에는 중국에 연원을 두고 있는 성씨가 적지 않다. 중국에서 귀화하여 동방의 성씨가 된 내력부터 아예 중국 지명을 본관으로 그대로 쓰는 예도 있다. 이 《백가성》은 우리 성씨를 연구하고 내력을 밝히는 데에도 소중한 자료가 될 것이다.

몽구蒙求
李瀚(撰)·徐子光(注)

중국고전으로 가는 물꼬를 튼다

《몽구蒙求》는 한자의 뜻 그대로 "어리고 몽매한 아이들을 일깨우기" 위한 책으로, 아이들을 가르치며 깨우쳐주어야 할 내용물을 교재로 만든 것이다. 아이들을 위한 책이기는 하지만 중국 고전에 입문하기에 가장 적당한 책으로 어른에게 더욱 필요한 지식과 지혜를 담고 있다. 그동안 피상적으로만 들어 왔던 주옥같은 일화와 명구들이 구체적인 출전과 명확한 원문 제시로 근거를 가지고 설명되어 있다. 이《몽구》한 권만 읽어도 중국 역사의 흐름과 각 시대의 가치, 문물제도, 역사 속 유명 인물들에 대해서 완전히 파악할 수 있을 것이다.

책의 내용은 대체로 상고시대 고사와 주대周代, 선진先秦의 춘추전국을 거쳐 주로 서한西漢과 동한東漢, 삼국三國, 진晉의 역사와 인물, 일화가 주를 이루고 있으며 그 외 남조와 북조의 이야기를 일부 싣고 있다. 따라서 여기에 인용된 것은 정사正史 위주이며 이에 따라《사기史記》,《한서漢書》,《삼국지三國志》,《진서晉書》,《남사南史》,《북사北史》등에서 그 원전을 찾을 수 있다.

당나라 때에는《몽구》의 뒤를 이어 이러한 몽학蒙學 계열의 책이 쏟아져 나왔다. 아예 책이름도《몽구》라는 이름을 그대로 사용하여 역사, 인문, 제도, 문자, 수신, 경서, 교학 등 이루 말할 수 없는 분야별 특징을 그대로 옮겨 담아 아동용 교재로서, 혹은 초보적 학습서로써 구성하여 정리하였던 것이다. 이러한 풍조에 의해 찬집된 수많은 책은 이《몽구》가 얼마나 이상적인 구성을 이룬 책인지를 나타내는 증거이기도 하다.

《몽구》의 저자는 당唐나라 때의 사람인 이한李瀚으로 그에 대한 사적은 제대로 알려져 있지 않은데, 그는 지금 전하는 298구, 2384자의 본문을 운문 형식으로 짓고 그에 맞게 각 구절마다 주를 붙였다. 그 뒤 송나라 때 이르러 서자광徐子光이 그 주의 오류를 바로잡고 보충하여《몽구보주蒙求補注》를 펴내 오늘날까지 전하게 되었다.

유학경림幼學瓊林
程登吉(選)·鄒聖脉(注)

'주옥같은 내용을 모은' 몽학교재의 으뜸

중국의 그 많은 어린이용 몽학교재蒙學敎材 중에 대표적인 것이 바로《유학경림幼學瓊林》이다. 이는 '동몽교재'이지만 일반인에게 더욱 중요한 학습교재이자 독서교재로 그 위치를 차지하고 있다. 즉 현대 교육이 발전하면서 '동몽'이란 개념이 사라졌으나 중국 본연의 자신들 고유의 정서와 학술, 문화와 상식, 그리고 역사와 그 속에 숙성되어 내려온 풍습과 삶의 형태에 대한 아주 적절한 통속적인 내용을 담은 교재로 이만한 것이 없다고 인정하기 때문이다.

《유학경림幼學瓊林》의 책이름에서 '유학幼學'은 당연히 어린이를 상대로 한 교육과 학습이라는 뜻이며, '경림'의 일반적인 풀이는 "주옥瓊같은 내용을 모으다林"라는 뜻이다.

이 책의 초기 이름은《유학수지幼學須知》, 혹《성어고成語考》,《고사심원故事尋源》이었다고 하며 명나라 때 정등길程登吉이라는 사람이 처음 편찬한 것으로 알려져 있다. 혹 같은 시기의《오륜전비충효기五倫全備忠孝記》를 쓴 구준邱濬(1418~1495)이 편찬한 것이 아닌가 하는 의견도 있으나 확실하지는 않다.

그 뒤 청나라 건륭乾隆(1736~1795) 연간에 추성맥鄒聖脉이라는 사람이 증보하고 다시 주석을 가한 후 이름을《유학고사경림幼學故事瓊林》이라 하였으며 지금 이 계통의 판본이 널리 전하고 있다.

이 책은 어린 아이들이 외우고 이해하기 쉽도록 성어와 고사를 운에 맞추어 편집했다. 광범위한 제재를 다루어서 중국 전통 상식의 보고요 백과사전이라 볼 수 있는데다가 각 사물의 이치와 고사, 역사는 물론 많은 명칭들의 유래도 알 수 있다. 게다가 지식을 늘려주고 바른 언어생활과 사회생활을 영위해 나갈 수 있도록 되어 있다.

이《유학경림》이 당시 명나라 봉건사회의 고정관념을 그대로 가지면서도 지금까지도 큰 반향을 일으키고 있는 이유는, 이 책이 수천 년 역사 속의 지혜와 상식을 압축한 정화精華요, 수많은 중국인의 정서를 고스란히 담고 있기 때문일 것이다.

석시현문 昔時賢文 "나타날 때는 폭풍처럼 사라질 때는 티끌처럼!"
作者未詳

《석시현문昔時賢文》은 《고금현문古今賢文》이라고도 하며 언제 누가 처음 저술한 것인지 알려져 있지 않다. 17세기 말 명明나라 때 〈모란정牡丹亭〉이라는 희곡 작품에 처음 보이는 것으로 보아 이 책은 명대 후기에 이루어진 것으로 추정할 수 있다. 어떤 유생이 찬집纂集한 것이라고 전해지면서 당시 유학幼學, 몽학蒙學 교재로 사용하기 위한 것이라 하나, 평소 자신이 좋아하던 이언과 격언을 대략적으로 모은 것으로 보인다. 이에 청대淸代에 들어서면서 일부 사인士人들이 증보하거나 모방하여 개편하였으며, 이를 《증광석시현문增廣昔時賢文》이라 하였다. 그리고 민간에서는 이를 줄여 《증광增廣》, 또는 《현문賢文》으로 부르기도 하였다. 명청明淸 시기에는 이 책이 민간에 광범위하게 퍼져 아이들과 부녀자들의 교육에 널리 활용되었다.

《증광현문》의 내용은 통속적이며 같은 명대의 《명심보감明心寶鑑》의 구절과 똑같거나 유사한 구절도 많다. 또는 《채근담菜根譚》의 구절과 유사한 것도 있다. 이는 《명심보감》이 인명을 밝힌 격언집임에 비해 이 《현문賢文》류의 책은 이름을 알 수 없는 민간인이 세상의 격언, 금언을 모아 기록하기 시작한 것으로 볼 수 있으며, 이것이 민간으로 흘러다니며 점차 보태어져 오늘의 《석시현문》이 이룩된 것으로 볼 수 있다.

지금 우리는 중국을 이해하지 않고는 이 지구촌에 생존하기 어려운 시대를 맞고 있다. 경제 발전의 무서운 속도나 국력의 신장, 그리고 세계 속의 중국의 위상이 분명 초강대국으로 자리를 잡을 것임은 이미 누구나 알고 있다. 이에 중국들이 일상 대화에서 쓰는 속담, 이언, 격언, 시구의 정수만 모여 있는 이 《현문》은 중국을 이해할 수 있는 열쇠요 지름길이다. 특히 여기에 실린 정문일침頂門一鍼의 격언과 속담, 명언 명구는 일상생활에서 수양의 도구로도 중요하지만 중국인과 중국 문화를 이해하는 데에 더없이 귀중한 척도가 될 것이다.

명심보감 明心寶鑑 유대인에겐 「탈무드」 우리에겐 《명심보감》
范立本(編)

우리나라 사람이라면 이 《명심보감》에 나오는 한두 구절 정도는 모르는 사람이 없을 것이다. "가화만사성家和萬事成" 같은 구절은 가훈으로 흔히 삼아 온 문구이지만, 그밖에 이 책에 나오는 구절들을 배우며 그 말들이 세상 살아가는 하나의 방편임을 깨닫기도 했다. 유태인에게 《탈무드》가 있다면 우리에게는 《명심보감》이 있다. 어린 시절에는 훌륭한 교육 교재이며 나이 들어서는 안분지족의 깨달음을 주는 그러한 책이다. 이 《명심보감》은 원래 중국 명明나라 무림武林 사람 범립본范立本이라는 이가 편집한 통속적인 명언집이었다. 고전의 훌륭한 구절이나 격언, 속담은 물론 당시까지 민간에서 흔히 쓰이던 구어체의 경구警句들을 모아 편찬한 것이다.

예로부터 우리나라에 한자가 전래된 이후 사용된 교육용 교재는 모두 한자로 표기된 책들이었다. 그 대표적인 교재가 《천자문》, 《계몽편》, 《동몽선습》, 《격몽요결》, 《소학》 등과 바로 이 《명심보감》이었으니, 이 책들을 동몽童蒙 교재라고 불렀다. 이러한 어린이용 교재들은 분량도 적고 과정과 체제도 간단하며, 종류도 많지 않으나 대체로 문자습득과 유교적 인륜도덕, 예법과 충효를 다루고 있어 생활에 많은 영향을 끼쳤다. 그 중에서도 이 《명심보감》은 우리나라에 전입된 이후 동몽 교재의 가치를 넘어 개인의 수양서의 역할까지도 하면서 방방곡곡 집집마다 널리 읽히게 되었다. 이제 이 《명심보감》은 앞으로 더욱 새로운 관점에서 정리되고 연구되어야 할 것이다.

우리는 얼굴을 비춰보는 거울은 자주 보지만 내 마음을 비춰보는 정신의 거울은 잊고 살아가는 경우가 많다. 얼굴을 비춰보는 거울은 자신의 용모나 옷차림이 남에게 실례가 되지 않는지 점검하기 위한 것이지만, 정신의 거울은 내 자신을 수양하고, 남을 배려하는 마음을 스스로 점검하는 거울이다. 우리나라에서는 조선시대부터 이 책을 그러한 거울로 여겨 누구나 일상 속에서 읽어왔다. 그 이름대로 "마음을 밝혀주는 보배로운 거울" 《명심보감》인 것이다.

채근담菜根譚
洪自誠(撰)

마음 달래주는 글, 고통 덜어주는 말

《채근담菜根譚》은 짧은 격언 모음이다. 이러한 체제의 명언집은 실제 오랜 역사를 가지고 있다. 이를테면 선진 시대의 《노자老子》는 바로 이러한 형식의 원조격이며, 한대의 《법언法言》, 그 후 《토원책兎園策》, 《삼자경三字經》, 《천자문千字文》 등 몽학서가 뒤를 이었다. 명대에는 이 《채근담》에 필적할 만한 것으로 바로 《명심보감》이 나왔지만, 이 두 책 모두 유명한 학자나 이름 높은 성인이 쓴 것도 아니어서 편자나 작자가 거의 알려져 있지 않다. 촌철살인의 명언들을 모아 엮은 이 두 책은 게다가 우리나라에 널리 알려져 일상생활에 인용되고, 한문교재로 읽히고 있는 면에서도 비슷하다.

그러나 두 책 사이에는 뚜렷한 차이점도 있다. 《명심보감》이 유가적 내용을 위주로 하여 '세상에 공을 세우며 인간 도리를 다하라'고 '양陽의 적극성'을 기치로 내세우고 있다면, 《채근담》은 도가적道家的 입장을 내세워 '세상을 소유하지 말고 향유하며 행복을 누리라'는 '음陰의 적극성'을 담고 있다. 그리고 《명심보감》이 '함께 사는 법'을 가르치고 있다면 《채근담》은 '홀로 사는 법'을 일러주고 있다. 그 때문에 《명심보감》은 옛 성인과 경전經典의 문장, 세상의 이치를 담은 격언을 중심으로 함께 사는 사회의 일원으로의 의무를 다해야 한다고 말하는 '타인의 말'을 모았고, 《채근담》은 자신이 터득한 우주론과 수양론, 본체론, 자연론으로 '자신의 말'을 남겼던 것이다.

세상은 엄청난 고통의 바다도 아니요, 그렇다고 모든 즐거움을 다 누릴 수 있는 낙원도 아니다. 반면에 세상은 아름다운 것은 무엇이든지 있는 낙원이요, 정말 괴롭게 허덕이고 있는 고통의 바다이기도 하다. 그러나 사실 단련과 감내는 고통에서 나온다. 《채근담》 속의 귀한 말처럼 소박한 삶을 인정하고 그러한 환경이 자신의 것이라 여긴다면, 누구든 세상 온갖 일들을 인정하고 고개를 끄덕일 수 있을 것이다.

격언련벽格言聯璧
金纓(撰)

폭정 비리 경고하고 민초 고통 대변한다

이 《격언련벽格言聯璧》은 청나라 때 산음山陰 사람 금영金纓이 편찬한 격언집이다. 모두 628조의 격언이 실려 있으며 일부는 자신이 직접 지은 것이고 일부는 이미 전해오던 속담이나 어록, 타인의 격언을 함께 실은 것으로 보인다. '연벽聯璧'이란 어휘는 원래는 쌍벽雙璧과 같은 뜻이다. 따라서 본 《격언련벽》은 '격언을 묶어 쌍벽처럼 대비시켜 모은 책'이라는 뜻이다.

이 책의 찬자 금영은 난릉선생蘭陵先生 또는 난생蘭生을 호로 삼았던 인물로 그에 대한 사적은 제대로 알려져 있지 않다. 단지 그가 생존했던 19세기 전반기는 이미 청나라가 완전히 쇠퇴기로 추락하던 시기로서, 서방 열강의 중국 침략이 노골화되어 평화로운 날이 없던 때였다.

이러한 때에 생존했던 금영은 중국 고유의 지혜와 교훈을 모아 세풍을 바로잡고 위정자의 폭정과 비리를 격언이라는 표현형식을 빌려 훈계하고 경고하고자 이 책을 찬술한 것이다. 그리하여 수년 간 모았던 내용의 일부를 발췌하여 이 책을 출간하면서 그 이름을 《격언련벽》으로 삼았다. 그 뒤 조양潮陽 사람 곽보정郭輔庭이 이 책을 중시하여 다시 펴냄으로써 오늘날까지 널리 퍼지게 된 것이다. 내용을 '학문', '존양', '지궁', '돈품', '처사', '접물', '제가', '종정', '혜길', '패흉' 등 10가지로 분류하고 628개의 정련精練된 격언을 수록하였다.

이 책은 명·청대에 쏟아졌던 각종 격언서나 잠언서, 이를테면 《명심보감》, 《석시현문》, 《채근담》, 《유학경림》 등과 맥을 같이 하지만, 다른 책이 몽학이나 자신의 수양을 목적으로 한 것에 비해 이 책은 다분히 사회적이며 경고와 권유의 의미를 담고 있다. 특히 '종정', '접물', '처사' 부분은 위정자나 지식인의 책무를 엄격하게 따져 묻는 한편, 일반 민초들의 고통을 대변하는 형식을 띠고 있어 매우 이채롭다.

시품 詩品
鍾嶸(著)

시를 보는 방법론, 중국시사에 신기원을 열다

남조南朝 양梁나라 때의 인물인 종영鍾嶸이 편찬한 《시품詩品》은 시가詩歌에 대한 품평, 평론을 뜻한다. 위진남북조 시대에는 인물, 사물에 대한 품평의 풍조가 극성을 이루었다. 그러한 시대의 조류에 맞게 종영은 한대漢代 고시古詩부터 당시까지의 오언시五言詩를 총망라하여 시인과 그 작품을 상중하上中下로 품평하였다. 그 때문에 그 저술 이름을 《시품》이라 한 것이다. 작가와 작품의 풍격風格에 초점을 맞추어 역대 시인 사이의 계승 관계와 예술 유파를 계통에 따라 비교한 시도는 시를 풍격의 관점에서 보는 방법론에 신기원을 열었고, 작가, 작품에 간단한 평어評語, 평론評論을 가하는 체제를 이루었다. 한편 《양서梁書》 문학전文學傳과 《수서隋書》 경적지經籍志에는 이 책의 이름을 《시평詩評》이라 하였다. 이는 이 책이 단순히 시인과 시를 품제品題하여 등급을 정하는 작업만 한 것이 아니라 그 작품의 우열까지 평론하였다는 이유에서 그렇게 부른 것이다. 그러나 그 뒤에는 《시품》이라는 단일 명칭으로 확정되어 오늘에 이르고 있다. 이 《시품》에서 다루는 범위는 건안建安부터 남조南朝까지에서 오언시五言詩만을 위주로 하였으며, 열거된 시인도 모두가 시대를 대표하는 작가들이다. 다만 오언시에만 한정시킨 점, 그 오언시의 기원을 국풍國風, 대아大雅, 초사楚辭의 삼파三派로 귀속시키려는 획일적인 시도는 오히려 무리였으며, 이는 후세의 심한 비판을 받기도 하였다.

그럼에도 이 《시품》은 중국시사中國詩史, 평론사評論史에 독보적인 지위를 점하고 있다. 당시의 시가 창작이 새로운 시대에 맞추어 이미 엄청난 발전을 했고, 청담淸談과 인물 품평 등의 사회 풍조와 관련이 있기도 했지만, 종영이 역대 작가의 예술 특징과 품격에 대하여 품평을 가하는 한편, 서문에서는 시가詩歌 창작創作의 이론적인 문제부터 당시 시단에 풍미하던 폐단에 이르기까지 적확한 의견을 제시하여 시이론詩理論과 그 공용성에 대하여 선각적인 주장을 내세운 점은 높이 살 만하다.

당시삼백수 唐詩三百首
孫洙(編)

당대의 생활상과 사고의 세계가 그대로 드러난다

《당시삼백수唐詩三百首》는 청대淸代 손수孫洙라는 사람이 당시唐詩를 수집하여 기초적인 분류로 편집한 책이다. 손수는 자가 임서臨西이며 호는 형당퇴사蘅塘退士로 금궤金匱 사람이며 '형당퇴사'로 더 널리 알려져 있다. 《당시삼백수》외 저서로는 《형당만록蘅塘漫錄》, 《형당존고蘅塘存稿》, 《이문록異聞錄》 등을 남겼다.

이 책에 선집된 시는 《전당시全唐詩》 4만 8천 9백여 수에 비하면 약 160분의 1 정도이며 선록된 작자는 무명씨를 포함하여 77명으로 《전당시》의 2200여 명에 비하면 아주 일부이지만, 이들 작자들은 제왕, 사대부, 승려, 가녀, 무명씨 등 고르게 분포하고 있다. 제목만으로 계산하면 294편, 낱개의 시로 계산하면 320편이 실려 있어 대략 3백여 편을 기준으로 하여 책제목을 삼은 것이다.

주제는 광범위한 부분에 고르게 분포하고 있으며 작품성보다는 각 분야의 대표작이라 여겼던 시들을, 안배하는 기준에 따라 선정한 것으로 볼 수 있다. 따라서 당대 사회생활의 면모를 고루 살필 수 있는 점에서는 매우 유용하지만 작품의 완성도나 시학을 연구할 목적으로 활용하기에는 미진한 점도 없지 않다.

그 시대에는 당시에 대한 선집 작업이 꾸준히 이어져 이루 헤아릴 수 없이 많은 선집이 쏟아져 나왔다. 그럼에도 유독 이 《당시삼백수》가 민간에 널리 퍼진 것은 그럴 만한 이유가 있다. 그 이전의 많은 당시 관련 선집들은 주로 전문적이며 학술적 가치를 목적으로 한 학자용이었지만, 이 책은 몽학교재인 《천가시千家詩》에 착안하여 순수한 아동용 학습교재로 편찬되었던 것이다. 중국 문학 중 당시唐詩는 최고의 발명품이다. 그 양이나 질에서나 창작 문학의 정수이며 압권이다. 나아가 지금까지 중국문학 연구서로서 당시만큼 많은 양을 차지하는 부분도 없을 것이다. 그럼에도 초학용 당시 교재가 없는 지금, 이 책은 매우 유용한 가치를 발휘하게 될 것이다.

천가시 千家詩
劉克莊·謝枋得(輯)

아름다운 시가 아름다운 사람 만든다

《천가시千家詩》는 아동 학습서로서, 중국 문학의 최고점에 있는 당송시를 쉽게 익히고 외울 수 있도록 편집한 것이다. 그 영향은 실로 지대하였는데, 일반 민간에는 물론 심지어 궁중에서까지 성행하였다.

《천가시》라는 책 제목은 송대의 유극장劉克莊이 지었으며, 송대 사방득謝枋得이 '칠언절율七言絶律'을 모아 초보적으로 편집하였고, 청대 왕상王相이 '오언절율五言絶律'과 '주석'을 추가하여 오늘에 이른 것이다. 민간에 널리 퍼져 변모를 거듭했으며 몽학 교재로 또한 시 독본으로 지금까지도 널리 읽히고 있다. 그 때문에 《삼자경》, 《백가성》, 《천자문》과 함께 4대 몽학서로 자리를 잡게 되었다. 지금도 중국 초등국어 교과서에는 이 네 가지 책 이름을 정식으로 등재하고, 아동들이 관심을 갖도록 유도하고 있다.

이 책의 제목인 "천가시千家詩"는 "천 명의 작가들의 시"라는 뜻이지만 실제 지금 전하는 판본은 당, 송, 명대의 226수이다. 지금 전하는 판본은 아동들의 학습 단계에 맞는 난이도를 고려하여 외우기 쉽고 이해하기 쉬운 것으로 하되 7언 절구와 율시만을 대상으로 하였다.

지금의 통행본은 사방득의 7언 절구 94수, 율시 48수에 청대 이르러 왕상이 다시 5언 절구 39수, 율시 45수를 더하여 모두 4권 226수를 싣고 왕상이 다시 모든 시에 주해까지 더하여 완성한 것이다. 이에 실린 시인들을 시대별로 보면 7언 절구는 당시 33수, 송시 60수, 무명씨 1수이며 율시는 당시 25수, 송시 21수 명시 2수이다. 다시 이를 시인별로 보면 두보杜甫의 시가 가장 많고, 그 뒤를 이어 이백李白 시가 9수, 소식蘇軾 시가 7수, 왕유王維와 정호程顥 시가 각각 6수, 맹호연孟浩然 5수, 위응물韋應物, 유우석劉禹錫, 잠삼岑參, 한유韓愈, 두목杜牧, 왕안석王安石의 시가 각각 4수 등이다. 특히 두보의 시는 26수나 수록되어 유명인, 유명 작품에 치우친 경향을 보이기도 한다.

당재자전 唐才子傳
辛文房(撰)

전기체 사서이자 당대 시인 연구의 백미

《당재자전唐才子傳》은 전기체傳記體 사서史書이며 당시唐詩 평론서評論書이다. 원元나라 때 신문방辛文房이라는 이가 지은 것으로, 당대唐代와 오대五代까지의 인물을 모아 평론하여 기록한 것으로 모두 10권으로 되어 있다.

이 책은 문장이 간결하고 견해가 뚜렷하여 당대 시인 전기 연구에 귀중한 자료가 되고 있다. 특히 만당晩唐 시인에 대한 사적이 상세하고 또한 당대의 많은 시인들의 생애에 대한 자료와 과거 경력 등을 담고 있어 당시 풍류의 변화와 시인에 대한 평가, 나아가 작가의 예술정신을 살펴보는 데 없어서는 안 될 자료로 인정받는 것은 물론, 시대 상황의 연구에도 귀중한 역할을 하고 있다.

이 책을 지었다는 신문방은 서역西域 사람으로 한문학漢文學에 숙통熟通하였으며, 특히 당대 시인에 대한 연구가 깊어 이를 집대성하고자 노력한 인물로 알려져 있다. 신문방은 《피사시집披沙詩集》이라는 문집을 남겼다고 하나 이미 사라지고 없다.

《당재자전》은 "당나라 때의 재자才子들에 대한 전기"라는 뜻인데 여기서 '재자'란 재능이 뛰어난 인물만을 가리키는 것은 아니다. 대체로 시인詩人이 많고 그 외 승려, 여인, 심지어는 귀신까지도 가리키고 있다.

당唐 시대는 천하 사람의 자유를 인정하고 시의 세계를 지선至善으로 삼았던 화려한 시대였지만 그러한 시대에서도 도저히 자신의 감정과 시정詩情과 예술혼을 다 표현할 수 없어 그 이상의 세계를 꿈꾸며 살다가 간 사람들이 있다. 그들은 당시唐詩라는 그릇에 그 영감靈感과 울분을 쏟아냈으며 그렇게 탄생한 불후의 작품들은 인류에게 넓은 시정詩情의 세계를 열어주었다.

지금 우리는 세계 속에서 공간의 한계를 뛰어넘어 살고 있다. 과학문명의 발달 속도를 보면 내일이나 몇 년 후조차 예상할 수 없다. 이러한 때에 조금은 느리고 답답하지만 한가로운, 당나라 때의 초인과 시인, 기인들의 풍류와 고취를 한번 맛보는 것도 또 다른 여유가 아닐까?

도연명집陶淵明集
陶淵明(著)

〈도화원기〉는 지금도 정말 이상향일까

도연명陶淵明은 우리나라에도 널리 알려진 진晉·송宋시기의 시인詩人으로 이름은 잠潛이고 연명淵明은 자字이다. 팽택령彭澤令 벼슬을 했을 때 80여 일 만에 「오두미五斗米」고사를 남긴 채 낙향하여 〈귀거래사歸去來辭〉를 지은 것으로 유명하며 지금도 중국 최고의 전원시인田園詩人으로 추앙되고 있다. 한국 문학에도 지대한 영향을 미쳐 시조, 가사, 한문 문장에 그를 인용하거나 거론하여 은일과 전원의 생활을 표현하였다. 《도연명집》은 그가 지은 것으로 전 10권인데, 원집은 본래 8권으로 양梁나라의 소명昭明 태자太子가 편찬했으며, 9, 10권은 후세 사람들이 추가한 것이다.

도연명만큼 우리나라에서 많이 읽히고 인구에 회자된 중국 시인도 그리 많지 않을 것이다. 조선시대 학자나 문인들은 도연명을 본받아 "도연명처럼 귀거래 하리라"면서 그의 시에 나오는 말을 버릇처럼 자주 쓰고, 그러한 생활이 자신의 꿈인 양 읊었다.

지금도 도시 생활에 지치고 경쟁의 고달픔을 참지 못한 이들은 쉽게 '귀거래歸去來'를 들먹거리지만 용기를 내어 모든 것을 떨치고 떠나는 자는 그리 많지도 않고 또 현실적으로도 그렇게 하기는 힘들다.

그러나 《도연명집》의 전체를 훑어보면, 그런 부분은 우리에게 널리 알려진 몇 편의 시와 문장 속 도연명 문학의 정수일 뿐, 실제 그 외의 많은 시문 속에는 온통 고통의 하소연이며 생활고의 핍진한 현실을 그저 평범한 어휘로, 그러면서 생생하고도 소담하게 기록한 부분이 훨씬 많다. 천지를 다 버리겠다는 도가적인 면이 강한 듯하면서도 가난을 벗어나기 위해 열심히 살아가고, 나이가 들어가면서는 불로장생의 꿈을 버리지 못하는 이중적인 갈등 구조를 그대로 보여 주고 있다. 도가적道家的인 동시에 유가적儒家的이며, 전원생활의 꿈을 마음껏 누렸을 풍요로운 전원시인으로만 여겨지고 있는 그 역시 현실 속의 가난과 고통에 몸부림쳤던 인간이었던 것이다.

세설신어世說新語
劉義慶(撰)

노장사상과 역학, 경학 세계가 펼쳐진다

중국 남방 문화와 사상의 정화이자 인간군상의 처절한 밑바닥까지 거침없이 기록한 《세설신어世說新語》는 남조 송宋나라 유의경劉義慶이 지은 것으로, 중국 문학 중에 소설, 필기, 소품, 전기, 일사逸事 문학에 가장 영향을 크게 끼친 작품이다. 약 1,300여 장의 길고 짧은 문장의 단락으로 이루어져 있으며 짧은 것은 수십 자에 불과하고, 긴 것이라 해도 수백 자를 넘지 않는다. 동한東漢 말부터 삼국, 특히 위魏나라를 중심으로 서진西晉을 거쳐 동진東晉까지 약 200여 간 정치가, 문인, 명사, 예술가는 물론 특이한 인물과 여인들까지 모두 36부문으로 주제를 나누어 기록했다. 중국 문학에서 소설을 연구할 때는 그 양과 질로 보아 이 《세설신어》의 내용과 체재, 영향을 거론하지 아니하고는 안 될 정도의 위치에 있으며, 소설 발전 단계에서 확고한 지위를 지닌 것 외에도 사료, 목록학, 일사문학으로서의 가치 등의 중요한 특징을 가지고 있다.

이러한 문학 연구 자료로써의 가치를 넘어 또한 위진 사상의 대표라 할 수 있는 현학玄學, 즉 노장을 중심으로 한 청담 현리와 삼현학三玄學, 나아가 불학佛學 연구의 귀중한 문헌적 가치를 가지고 있으며 게다가 왕필王弼, 두예杜預, 곽박郭璞, 복건服虔 등 노장老莊과 《주역周易》 연구의 대성황을 고스란히 담고 있으며 유가의 경학도 그에 못지않게 발달했던 일면을 볼 수 있다. 게다가 당시 복잡한 정치 변화에 대한 생생한 기록은 물론, 이민족과의 결합, 그에 따른 남방 세족의 정서와 생활상 등 이루 헤아릴 수 없는 귀중한 내용을 담고 있다.

그런가 하면 우리 생활에서 널리 쓰이는 '난형난제難兄難弟', '점입가경漸入佳境', '군계일학群鷄一鶴' 등 헤아릴 수 없이 많은 성어가 수록되어 있다. 우리나라에도 판본이 전하고 있으며 조선시대에 수초본手抄本까지 있었던 점으로 보아 일찍부터 관심 있게 읽혀온 책임을 알 수 있다.

수신기搜神記
干寶(撰)

기괴 무비, 귀신과 사람 사이의 교통과 감응

《수신기搜神記》는 제목의 한자 뜻 그대로 신기한 사물·사건을 모은 지괴소설의 백미白眉로서, 중국문학사는 물론 신화·전설·구비문학을 연구하는 데 최고의 책이다. 이 책에는 고구려 동명왕東明王의 건국신화도 실려 있으며, 외계인의 출현에 대해 사실적으로 설명한 부분도 있다. 그 외에도 동식물의 신비한 생태를 묘사한 관찰력은 오늘날의 눈으로 보아도 놀라울 뿐이다.

중국의 위진남북조魏晉南北朝 시대는 형이상학적인 현학玄學이 꽃을 피운 시기이다. 특히 동진東晉과 남조南朝 시대에는 기록할 가치가 있는 것이라면 무엇이든지 정리했으며, 이로 인해 신화神話·전설傳說·문학文學·일사逸事·역사歷史·민속民俗·전기傳奇·비평批評 등 헤아릴 수 없이 많은 이론과 저작물이 남게 되었다. 이는 남방사상南方思想과 결합하여 그 심원深遠한 상상력과 도가적道家的 환상에 깊이 파고드는 전문적이고 치밀한 구성, 적확한 비평 등으로 중국문학사는 물론 학술사에서도 아주 비중 높은 위치를 차지하고 있다. 선진제자학先秦諸子學이 정치 주장에 치중하면서 발전한 학술이라면, 이 위진남북조魏晉南北朝의 저작은 인간의 사유思惟와 애지愛知에 대한 욕구를 놓치지 않고 연구한 학술이라 할 수 있다. 그중 대표적으로 살아 있는 표본이 바로 이 《수신기搜神記》일 것이다.

이 책은 단순한 "소설小說"이 아니다. 인간이 이해할 수 없는 신비한 영계靈界의 사건이 현실적으로 나타나는 데에 대한 당시 사람들의 사고를 그대로 반영한 것이다.

이 책을 엮은 간보干寶는 중국 동진東晉 때의 학자로, 음양陰陽·술수術數에 관심이 깊어 자신이 직접 겪은 신비하고 비현실적인 사건들에 대한 경이로움에 《수신기搜神記》를 찬집했다. 그 기록의 사실성을 위해 인명·지명·시대·배경 등을 창작이 아닌 사실 기록에 의해서 상식을 벗어난 사건이나 현상을 총망라하였다. 그리하여 이는 중국문학사와 학술사 등에 찬연히 빛나는 저작물로 후대의 학술과 문학에 영향을 미쳤음은 물론 지금까지도 귀중한 자료로 인정받고 있는 것이다.

박물지博物志
張華(撰)

온갖 사물에 대한 드넓은 지식의 바다

중국의 위진남북조魏晉南北朝는 남방南方문화의 정수精髓를 그대로 표출한 시기로, 중국학술이 가장 찬란하게 꽃핀 시기가 춘추전국春秋戰國 시대라면 중국문학의 양과 질이 새로운 도약과 전기를 맞아 그 결과물을 쏟아낸 시기는 바로 이 위진남북조 시대라고 할 수 있다. 이 시기에는 신화, 전설 등에 대한 새로운 인식으로 인해 문학적 기교와 수사修辭에까지 관심을 가지게 되었고, 문학 자체를 대상으로 하는 평론評論, 비평批評이 하나의 전업專業으로 자리 잡을 정도였다. 이 시기의 대표적인 소설 형식이 바로 문학사에서 흔히 일컫는 지괴소설志怪小說이다. 이 지괴소설의 대표작이 바로 《수신기搜神記》이며 그 외에 이 《박물지博物志》를 비롯하여 유경숙劉敬叔의 《이원異苑》 등이 있다.

《박물지博物志》는 이름 그대로 사물에 대한 해박한 내용을 다룬 기록이라는 뜻이다. 그러나 중국문학에서는 흔히 지괴소설志怪小說로 분류되며, 서진西晉 시대 흥성하였던 "문인들의 지식욕에 대한 기록물" 중의 하나이다. 내용은 이경異境·기물奇物 및 잡사雜事와 신선神仙·방술方術은 물론, 의학醫學·본초本草·생태生態·물리物理 등 그 다양함은 이루 헤아릴 수 없을 정도이다. 특히 우리나라 고대의 고구려高句麗와 옥저沃沮에 대한 기록은 매우 흥미롭다. 그러나 그 거대한 책이름에 걸맞지 않게, 현존하는 《박물지》는 10권이지만 권당 수록된 양이 적으며 그리 대단한 분량은 아니다.

《박물지》가 비록 육조지괴소설의 범주에 속한다고는 하나 기록욕구를 이기지 못한 당시 문인들의 분위기에서 나타난 백과사전적인 구성의 하나라고 볼 수 있는데 그 의도는 책이름이 나타내듯이 세상의 신기한 모든 물건에 대하여 해박하게 이를 기록, 정리하여 유서類書, 공구서工具書의 역할을 하고자 한 것으로 여겨진다. 비록 현재 남아 있는 분량은 의외로 적지만 송대에 이를 모방한 《속박물지續博物志》가 다시 나타나기도 했다.

산해경 山海經
郭璞(注)

「산경」과 「해경」 총 18권 3만 1천 자의 대기록

《산해경山海經》은 중국 고대 전적 중 가장 기이한 책이다. 선진先秦 시대에 이미 출현한 책으로 18권, 총 3만 1천여 자로 구성되어 있다. 크게 '산경山經'과 '해경海經'으로 나누는데, '산경'과 '해경'은 그 기록시기가 각기 다르다.

'산경'은 무축巫祝들이 고대 이래 전해오던 무사巫事를 기록한 일종의 무서巫書로서 그들의 세계관과 무업巫業 수행을 위한 오방위五方位의 명산대천과 동식물, 그곳을 주관하고 있는 신에 대한 제사, 동식물과 광물, 약재와 치료, 금기와 축사逐邪 등을 초보적으로 기록한 것이다. 전국시대 초기, 혹은 중기에 이루어진 것이며 이 시기에 어느 정도 모습을 갖춘 기록물로 존재했을 것으로 보인다. 이 '산경'은 비교적 순서와 기술이 일관된 형식을 갖추고 있으며 남, 서, 북, 동 네 방위에 다시 중앙을 넣어 소위 오방五方으로 축을 이루고 있는 것 때문에 이를 흔히 '오장산경五藏山經'이라 한다.

'해경'은 방사方士들이 구성한 것이며 해내외의 특수지역, 혹은 나라와 종족에 대한 상상력과 전문傳聞을 바탕으로 이를 고대 신화와 혼합하여 기술한 것이다. 시기는 대체적으로 진대秦代부터 서한西漢 초기에 이루어진 것으로 보고 있다.

이 《산해경》은 어느 한 시대, 한 사람의 손에서 이루어진 것이 아니라 전국 초기부터 한나라 초기까지 남방 초楚나라와 파촉巴蜀 지역 사람들의 손을 거쳐 전해져 오다가 서한 말 유흠劉歆이 정리한 것으로 보고 있다.

이러한 원시 기록으로 그들의 산천과 자연신에 대한 숭배와 제사, 풍속과 금기, 고통과 질병 치료, 무격巫覡들의 역할과 기도 등, 인류가 비로소 미개에서 초보적 문명으로 넘어가는 과정의 변화를 현대의 사람들이 알 수 있다. 게다가 이웃나라인 우리의 고대 민족 형성과정과 일본, 몽고, 인도를 거쳐 널리 중앙아시아와 남방 이민족의 신기한 원시 습속까지 그대로 담고 있다.

등석자 鄧析子
鄧析(撰)
윤문자 尹文子
尹文(撰)
공손룡자 公孫龍子
公孫龍(撰)
신자 慎子
慎到(撰)

논리와 비유를 통해 고정관념을 탈피하다

《등석자鄧析子》는 춘추시대 정鄭나라의 학자 등석鄧析의 저서로 전해진다. 정나라의 대부였던 그는 명가의 대표적 변론가인 동시에 명가의 개창자, 선진 제자학 발흥의 초기 인물로 널리 알려져 있다. 춘추 말기부터 전국 시대까지의 학술은 백가쟁명의 선진제자학 시대로 불린다. 유가·도가·음양가·법가·명가·묵가·종횡가·잡가·농가·소설가 등의 제자백가에서 명가名家의 대표자 중 한 명이 바로 등석이지만 《등석자鄧析子》에는 주로 법가의 학설을 담고 있으며 〈무후無厚〉와 〈전사轉辭〉 2편으로 이루어진다. 《윤문자尹文子》의 저자 윤문尹文은 전국시대 제齊나라 사람이다. 윤문의 사상은 유가儒家·명가名家·법가法家의 학설을 고르게 종합한 직하학파稷下學派 중의 황로술黃老術 사상이라 규정된다. 우선 노자老子의 학설을 강조하여 이를 곳곳에 인용하고 있으며, 동시에 명가의 사상을 혼입하여 '정명正名'을 제창하기도 하였다. 또한 이를 더욱 발전시켜 법가의 법法·술術·권權·세勢 등을 내세워 실행 측면의 이론을 펼치기도 한다. 《공손룡자公孫龍子》의 저자 공손룡公孫龍은 전국시대 사람으로, 조趙나라 혹은 위魏나라 사람이라고 알려져 있다. 일찍이 조나라 평원군 문하에서 활동한 그는 정치가·정략가·언변가·책사인 동시에 학자요 사상가이다. 논리의 극단을 치솟는 최고의 궤변가이자 정명正名의 원칙을 기초로 로직Logic학을 창시한 대표적인 인물이기도 하다. 《여씨춘추》《전국책》에도 그에 관한 일화와 고사가 널리 전해진다. 《신자慎子》의 저자 신도慎到는 법가의 한 사람으로 전국시대 조趙나라 사람이다. 그는 도가의 이론에서 법가의 논리를 도출하여 '통치자는 권좌의 세에 의지해서 법으로 바로잡아야 한다'는 주장으로 법가의 한 유파인 상세파尙勢派의 대표적 이론을 세웠다.

《한서》 예문지 법가에는 10가 217편의 법가 사상서들이 나열되어 있다. 그중 42편이 《신자》의 내용이지만 지금은 〈위덕威德〉 〈인순因循〉 〈민잡民雜〉 〈지충知忠〉 〈덕립德立〉 〈군인君人〉 〈군신君臣〉 등 7편의 잔여본이 전해진다.

인물지 人物志
劉邵(撰)

인재 감별과 발탁, 인재 경영에 대한 논술

《인물지人物志》는 한마디로 말하여 인재학人才學이다. 인물에 대한 연구나 분석에 관심을 가지고 출발한 것이 바로 이 《인물지》다. 사회 속에서 인재를 어떻게 감별하여 이를 어떻게 발탁해야 인재의 효과를 최대한 발휘할 수 있는가의 문제를 다루고 있다. 그러나 구체적이라기보다는 추상적이며 현실적이라기보다는 철학적이다.

인물에 대한 감식과 평가, 품평은 결코 쉬운 일이 아니다. 인간처럼 다양한 성격과 품격, 재능과 유형을 가진 예는 천하에 없기 때문이다. 그 원론적인 문제를 정리한 것이 바로 이 《인물지》이다. 따라서 이 책은 원론적인 면이 주를 이루어 추상적이며 난해한 내용도 있다. 그럼에도 사람의 품성과 재주, 그에 따른 발현과 사회적인 효용 등을 주제로 하여 유형별로 정리한 전문 저작물로는 최초이며, 동시에 그 뒤로는 이러한 논의가 더 이상 나오지도 않았다는 점에서 이 책은 높은 가치를 인정받고 있다.

중국에서는 선진시대부터 인물에 대한 여러 가지 감별 기준이나 이론 등이 존재했다. 이를테면 《논어》나 《맹자》, 《한비자》, 《여씨춘추》, 《회남자》, 《잠부론》, 《순자》, 《장자》는 물론, 《설원》, 《신서》, 《한시외전》 등 곳곳에서 인재의 문제를 다룬 일화나 주장을 얼마든지 찾아낼 수 있다. 특히 고대 서적은 거의가 제왕학帝王學이며 지도자 양성을 위한 교재였다. 따라서 하늘의 뜻을 받들어 보좌를 올바르게 선택함으로써 그 천명을 바르게 실현할 수 있다는 사상을 담고 있었으므로 인재에 대한 중요성을 빠뜨릴 수는 없었던 것이다.

이 책은 상중하 3권, 전체 12편으로 구성되어 있다. 각 12편에는 제목이 붙여져 있고 문단 구분은 되어 있지 않다. 그리고 전체 분량도 그리 많은 편은 아니다. 저작 시기는 구체적으로 알 수 없으나 대략 저자인 유소劉邵의 생존 시기 중인 위魏나라 정시正始(240~248) 연간으로 추정하고 있다.

서보 書譜
孫過庭(撰)

정서 행서 초서에 뛰어났던 손과정의 자필본

《서보書譜》의 실제 이름은 〈서보서書譜序〉라고 하는 편이 정확할 것이다. 실제로 이 글은 《서보》의 서문에 해당할 뿐이지만 원대元代부터 《서보》의 정문正文을 볼 수 없어 이 일부의 서문을 그대로 《서보》라 칭한 것이다.

《서보》의 저자인 손과정孫過庭(648~703)은 당唐나라 때 생존하였던 인물로 자는 건례虔禮이다. 그러나 일설에는 이름이 건례이며 자가 과정이라 하기도 한다. 정서正書, 행서行書, 초서草書에 뛰어났으며 특히 초서에 이름이 높았다. 북송北宋의 서화가인 미불米芾은 그의 저서인 《서사書史》에서 손과정의 초서 《서보》를 다음과 같이 평하기도 했다.

"왕희지의 필법에 심히 가깝다. 글씨의 낙각은 거의 그에 앞선 사람에 가까우면서도 곧다. 이것이 바로 손과정의 법칙이다. 세상에 널리 왕우군의 글씨체가 이러한 글씨가 있었다고 말하지만 모두가 손과정의 필법이다. 무릇 당나라 때의 초서는 이왕(二王: 왕희지, 왕헌지)에서 나왔으나 그 이름을 드러내지 않았을 뿐이다."

이 《서보》는 송대 이후 서법 연습과 이론서로서 절대적인 영향을 미쳤으며 그로 인해 이와 관련된 많은 저작물이 쏟아졌다. 남송 강기姜夔의 《속서보續書譜》는 이를 근거로 저술된 것이며 그 중 '정성情性'장은 손과정의 설을 대부분 원용하고 있다.

청대에 이르러 《서보》에 대한 연구는 더욱 활발해져 건륭 연간의 과수지戈守智의 《막계서법통해漢溪書法通解》에서는 손과정의 이론을 인용하여 전증 箋證을 붙여 놓았다. 주이정朱履貞의 《서학첩요書學捷要》는 과수지의 방식을 따라 매 단락마다 손과정의 본의를 설명하여 원문을 이해하는 데 도움을 주고 있다. 그 뒤를 이어 포세신包世臣은 손과정의 설명 중에 의심스러운 부분을 모아 《서보변오書譜辨誤》를 지었으며 특히 왕희지와 왕헌지에 관한 일화와 전설에 대하여 변증을 가하고 있다.

《서보》는 저자의 자필본自筆本으로도 유명하다.

中國思想100

이십사효二十四孝 먼 옛날의 효심, 21세기 현대 정신 울리다
郭守正·高月槎(輯錄)

《시경詩經》에는 "아버님 날 낳으시고 어머님 날 기르시니, 애닯도다 어버이시여, 나를 낳아 고생하시네. 깊은 은혜 보답코자 하나 하늘과 같아 끝이 없도다"라 읊었고, 《한시외전韓詩外傳》에는 "나무가 고요하고자 하나 바람이 멎지 아니하고, 자식이 어버이를 모시고자 하나 어버이가 기다려 주지 않는다"라 하였으며, 《명심보감明心寶鑑》에도 "집안이 화목하면 모든 일이 이루어지고 자녀가 효성스러우면 어버이가 즐겁다"라 하였다.

중국에서 효에 관한 것은 일찍부터 전설과 설화, 신화 등을 통해 끊임없이 전수되어 왔다. 유가儒家를 비롯한 제자백가諸子百家, 그리고 정사正史의 많은 기록은 결국 나라를 지키고 효도를 다한 이야기로 시작하여 이를 어떻게 실천했는가의 내용으로 마무리된다. 동양에서 최고의 인륜人倫에 관한 핵심 덕목은 '충효忠孝'이다. '충'이 '나라'라는 조직이 이루어진 이후의 문제라면, '효'는 원천적으로 인간이 태어나면서 지니는 본초적 윤리이며, 충이 '의義'로 결합된 선택 사항이라면 효는 '혈血'로 맺어진 숙명의 고리이다. '효'는 이처럼 엄청난 책임이며 동시에 삶 그 자체요 역사의 주된 기록 대상인 것이다. 산업화와 도시화에 따른 급속한 변화 속에서 '효'에 대한 의미와 가치가 많이 퇴색되었을지언정 '효'는 여전히 우리네 삶의 근간을 지탱하고 있는 뿌리 깊은 나무다. 《이십사효二十四孝》는 원元나라 때 곽수정郭守正이 집록한 것으로 알려진 동몽서童蒙書의 일종으로, 유가儒家 이념의 가장 높은 덕목인 효도를 권장하고 선양하기 위해 상고시대부터 송대까지의 효도 고사를 풀어놓았다. 어머니의 탕약은 직접 맛을 본 다음에야 올렸다는 한나라 문제文帝, 어머니가 손가락을 깨물자 나무하러 갔던 증삼曾參이 가슴에 통증을 느껴 달려왔다는 고사, 일흔 나이에 색동옷을 입고 어버이를 즐겁게 해드린 노래자老萊子 등 24가지의 주옥같은 고사를 이제 아이들만을 위해서가 아닌 이 시대 어른들도 읽을 수 있도록 새롭게 정리하여 구성하였다.

신어新語 유가사상으로써 천하 경략의 요지를 깨우치다
陸賈(撰)

새로운 왕조의 건설, 혹 새로운 정권의 창출 뒤에는 그 창출 과정에 못지않게 정치 체제와 이념, 사상, 강령 등을 어떻게 설정하느냐가 더없이 중요하다.

초한전楚漢戰의 온갖 고통, 지모와 책략, 지루한 투쟁을 거쳐 천하를 거머쥐게 된 고조 유방劉邦과 그의 무리들은 천하 통치에는 경험이 없었고 통치할 준비도 되어 있지 않았다. 유방 자신도 국가의 기틀을 잡는 데 시급한 것이 무엇인지 인식하지도 못하고 있었다. 육가陸賈는 유방이 한漢 제국을 건국한 직후 새롭게 건설된 나라의 통치 방향을 어떤 이념과 어떤 철학을 초석으로 할 것인지에 대하여 유방에게 진술했고 그것을 책으로 펴낸 것이 《신어》이다. 매번 한 편씩 올릴 때마다 고조는 훌륭하다 칭찬하지 않은 적이 없었고, 이를 다 마치자 좌우 신하들은 만세를 불렀다 한다. 이렇듯 《신어》는 육가가 지은 정론서이며 철학서로, 일명 《육자陸子》라고도 하며 상하 2권, 총 12편으로 되어 있다. 육가는 한 고조 유방이 천하를 제패할 때 그를 따라 각지를 돌아다니며 유세를 펴 제국의 건국에 지대한 공헌을 한 사람이다. 그는 진나라 때부터 이미 학문에 정진했던 인물로 진시황의 분서갱유焚書坑儒로 사라진 책을 읽어둔 상태였던 것으로 보고 있다. 그 때문에 서한 시대 최초의 저술을 남길 수 있었고, 그것이 효시가 되어 동중서董仲舒, 유향劉向, 가의賈誼, 양웅揚雄 등을 거쳐 양한경학兩漢經學의 위대한 학문풍토에 불을 붙일 수 있었던 것이다.

그런 면에서 육가의 이 저술은 중국 역사에서 가장 성공한 두 대제국인 한당漢唐 중의 하나, 즉 한나라를 바로 세우는 데 지대한 영향을 미친 저술로 평가받고 있다. 당唐나라 건국 이후 태종太宗이 탄생 초기 국가의 기틀을 어떻게 이끌었는지는 《정관정요貞觀政要》에 그대로 실려 있다. 그보다 앞선 한漢나라가 신왕조로 들어섰을 때 그의 사상적 기틀을 마련한 이 《신어》는 그런 의미에서 다시 한 번 음미해 볼 필요가 있다.

신감申鑒
荀悦(撰)

도의 근본은 인의! 이것이 바로 통치의 바탕이라

《신감申鑒》은 동한東漢 말 순열荀悅이 쓴 정론서政論書이며 철학서이다. 순열은 헌제獻帝에게 왕권의 확립과 인의로써 통치의 기반을 마련할 것을 건의하고, 말로 다할 수 없는 내용은 책으로 지어 바쳤다. 이것이 바로 《신감》이다. 그는 첫 문장에서 "도의 근본이 인의라는 것은 고대로부터 변함없이 내려오는 통치의 바탕임에 이를 거듭 신술申述하여 거울(鑒)로 삼기를 바란다"는 뜻으로 책 이름을 삼았다.

혼란스러웠던 동한東漢 말, 환관들과 조조曹操·동탁董卓 등의 전횡으로 인하여 황제는 이름뿐이었고 나라는 사실상 망한 상태였다. 순열은 바로 이러한 어지러운 시대를 몸소 겪으며 살아온 인물이었다. 그는 기울어 가는 왕조의 원인을 찾고 다시 중흥의 기틀을 마련하고자 온갖 궁리를 다하였지만, 권력은 이미 신하에게 넘어가 있었고 천하는 기근과 변란으로 도탄에 빠져 있었다. 이러한 상황을 직접 목격하고 느낀 것을 글로 써서 황제에게 올렸다.

이렇게 탄생한 《신감》은 〈정체政體〉, 〈시사時事〉, 〈속혐俗嫌〉, 〈잡언雜言〉(상하) 등 5편으로 되어 있다. 우선 첫 편 〈정체〉에서는 치국의 근본 원리와 방침, 정치의 근본 체제 등을 서술하고 있으며, 〈시사〉에서는 고금의 도와 21가지의 현안을 제시하고 이를 해결할 방법과 구체적 시행 방침 등을 열거하고 있다. 그리고 〈속혐〉에서는 당시 풍속의 폐단이나 백성들의 의혹 갇혀 있던 미신, 복서卜筮, 삼오위三五位, 기도와 질병, 관상과 신선술, 양생법과 참위설 등에 대한 자신의 견해와 주장을 서술하고 있다. 〈잡언〉(상)에서는 다시 정치에 관한 사안으로 군신과 군민 관계의 올바른 설정을 통해 이상적인 통치를 이룰 것을 주장하고 있으며, 〈잡언〉(하)에는 주로 철학적인 내용을 위주로 다루고 있으며, 특히 덕, 낙천지명樂天知命, 성性과 명命, 성선설性善說과 성악설性惡說, 인성의 분류와 삼품三品 등을 거론하고 있어 동한 말 철학사상을 엿볼 수 있는 좋은 자료를 제공하고 있다.

열선전列仙傳
劉向(撰)

우화등선羽化登仙, 불로장생不老長生

중국 정사正史의 독행전獨行傳, 일사전逸士傳, 일민전逸民傳, 은일전隱逸傳, 문원전文苑傳 등에 나오는 인물들은 거의가 신선들이다. 그들은 일반 속인들과는 다른 모습과 행동, 지조와 철학을 바탕으로 세상을 살면서도 전혀 불편함을 느끼거나 자신에게 의혹을 가진 적이 없었다. 옛 중국의 제왕들은 불사약을 찾고자 바다 가운데의 삼신산三神山을 찾도록 방사를 파견하였고, 서역으로, 동해東海로 신비한 선계를 직접 보고자 끝없는 방황을 하였으며, 문학 작품과 희곡·연극에서는 서왕모西王母, 노래자老萊子, 팽조彭祖, 왕자교王子喬 등을 빠짐없이 노래하여 신선사상을 고무시켰다.

이러한 신선들에 대한 이야기가 수록되어 있는 《열선전列仙傳》은 중국 최초의 도교道敎 신선神仙들에 대한 전기傳記로, 한漢나라 때 광록대부光祿大夫 유향劉向이 찬술한 것으로 알려져 있다.

이 책은 이름 그대로 신선 70인의 전기를 집대성했을 뿐만 아니라, 위진 시대 도가와 신선도술, 양생술 등의 발전에 지대한 공헌을 한 기초를 제공하고 있다. 어찌 보면 황당한 일화를 사실인 것처럼 천연덕스럽게 기록한 듯 하지만 중국인의 사유 속에 자리 잡은 우화등선羽化登仙이나 불로장생不老長生 등의 신선 세계에 대한 개념은 결국 종교인 도교로 발전하였고, 지금도 가는 곳마다 도교 사원은 신비함을 넘어 현실 세계를 그대로 반영하는 모습으로 명산대천 천하명승지에 자리하고 있다.

이 책에는 신분이나 남녀노소 구별 없이 다양한 인물의 이야기가 실려 있다. 이로써 당시 사회의 불로장생에 대한 인간의 간절한 염원과 이를 실제 행동으로 옮겨 실현해보고자 하는 노력 등에 대해 알아볼 수 있다. 한편 중국인 사유의 원형적 원소를 추형적雛形的으로 담아내어 후대 그들의 절대적 내면 세계를 형성하게 된 도가, 도교의 발전을 엿볼 수 있는 텍스트로서의 역할을 충실히 할 것이다.

춘추좌전春秋左傳
左丘明(撰)

얽히고설킨 제후국의 역사를 정리하다

춘추春秋란 공자孔子 이전 각 나라마다 있었던 '국사國史'를 통상적으로 이르던 말이었다. 지금 여기서 말하는 《춘추春秋》는 현존하는 중국 최초의 편년체 編年體 사서史書인 동시에 유가儒家 경전으로, 초기 육경六經의 하나이다. 공자는 노魯나라 군주의 계통을 바탕으로 기록을 재정리하며 사시四時와 간지干支를 근간으로 하였고, 그중 사시四時인 춘하추동春夏秋冬의 '춘春'과 '추秋' 두 글자를 취하여 《춘추》라 부르게 되었다. 공자가 《춘추》를 육경의 하나로 삼아 제자들을 가르쳤듯이 《춘추》야말로 공자의 역사관, 정치관 등 사상의 일면을 깊이 담고 있는 고전이다.

《춘추좌전春秋左傳》은 노나라 좌구명左丘明이 공자의 《춘추》를 해설한 책으로, 지금 전해지는 것은 전한前漢 말 유흠劉歆 일파가 편찬한 것이다. 《춘추》는 공자가 직접 저술하고 교재로 사용한 육경의 하나이기 때문에 이를 해석하고 부연 설명한 저작들은 '전傳'이라 불렀다. 한漢나라 때까지만 해도 《공양전公羊傳》, 《곡량전穀梁傳》, 《좌씨전左氏傳(좌전左傳)》, 《추씨전鄒氏傳》, 《협씨전夾氏傳》 등의 5종류의 전이 있었지만, 지금은 《공양전》, 《곡량전》, 《좌씨전》만 남아 이를 《춘추삼전春秋三傳》이라 하며 이 삼전三傳은 저마다 다른 특색을 가지고 있다. 춘추 경문經文의 뜻을 해석하는 데에 주력했던 《공양전》과 《곡량전》에 비해 《좌전左傳》은 경문의 짧고 간단한 표현을 이해할 수 있도록 경문의 구체적인 사실史實과 역사적 경과, 배경 등을 서술하고 있다. 경문 외의 역사 기록과 치밀한 인물 묘사 등으로 문학적 가치도 뛰어난 《춘추좌전》은 《춘추》 연구에 아주 중요한 자료로 활용되고 있다.

욕심과 배신의 굴레 속 인간군상을 담은 공자의 역사정치서 《춘추春秋》. 그 축약된 언어 속에 숨겨진 심오한 뜻을 《춘추좌전春秋左傳》이 밝혀내고 있다. 이 《춘추좌전》은 얽히고설킨 제후국의 역사를 정리하고 공자의 《춘추》를 이해하는 데에 아주 귀중한 자료가 될 것이다.

한비자韓非子
韓非(撰)

반면교사의 지혜, 처세의 바른 길

'인간을 부리는(驅使) 방법'에 있어서 '한비'는 천재였다. 잔인殘忍의 관점에서 통치를 보는 눈은 오늘날 법치시대의 출발점이라 해도 과언이 아니다.

이해타산으로 맺어진 임금과 신하 사이에 인간적 호소 따위는 무의미하며, 백성이 단지 은덕에 이끌려 따르는 것도 아니다. 그러니 힘과 칼, 즉 공포가 필요하며, 폭군의 오명을 피하기 위해 법을 만들어 명분으로 삼는다. 아울러 공적을 이룬 자에게는 반드시 상을 내린다. 이 둘을 병행함으로써 군주는 그 자리를 잃지 않게 된다.

뒷사람들은 "도가, 황로술, 법가는 모두 '인忍'이라는 대원칙에서 출발하였다. '인내忍耐'의 길은 노장老莊의 학술로 발전하였고, '은인隱忍'의 방법은 황로술 黃老術의 일파로 흘렀으며, '잔인殘忍'으로 변질된 원리는 바로 한비와 같은 법술法術로 변화하였다"고 하였다. 유가나 묵가는 마치 전쟁터에서 적군에게 인의를 부르짖는 부질없는 것으로 여겼으며, 피할 수 없는 싸움이라면 어떤 술수를 써서라도 이겨야 한다는 것이 법가의 주장이다.

한비는 이러한 논리체계를 군주의 통치에 두어 '군주론'이라 하였다. 그러나 군주만을 위한 것이 아니며 만물의 원리 어디에나 맞아 떨어진다. 비록 당송 이후 거센 비판을 받았지만, 어지러운 전국시대, 시퍼런 칼날 앞에 어찌 인의 도덕만 외우며 꿇어앉아 있을 수 있었겠는가? 물론 파괴적인 삶만을 강요한 것은 아니다. 뒤집어보면 해결책이 있다는 주장을 담고 있다.

한비의 논리를 차분히 일독해 보면 반면교사의 지혜와 처세의 바른 길을 얻을 수 있다. 고전은 큰 저수지와 같다. 그 물을 사용하는 자, 그리고 그 물을 뜨러 나선 자의 그릇의 크기, 나아가 왜 그 물이 필요한지에 따라 얻는 소득과 효용, 떠가는 양이 저마다 다르리라.

상군서商君書
商鞅(撰)

올바른 통치의 길을 깨우치는 신념의 반면교사

《상군서》를 읽으면 상앙이 얼마나 지독한 신념에 찬 인물이었는지 알 수 있다. "통치의 마지막 목적은 아무도 형벌을 받는 자가 없도록 하는 것", 그래서 "엄혹한 형벌로 더는 그러한 형벌이 없도록 겁을 주는 것"이라는 '이형거형以刑去刑'의 등식을 세워놓고 백성을 우민화한 다음 그들을 사육飼育 대상으로 삼는 것이 통치하기에 가장 쉽다는 생각!

인의도덕과 지성조차 버리며 오로지 피도 눈물도 없이 실행에 나서야 한다고 외친 상앙. 비록 전국시대라는 특수 상황이었다 해도 그 출발이 위악僞惡이요, 방법이 불선不善이라면 차라리 유보함이 옳았지 않았겠는가?

역사상 그러한 통치자는 수없이 많았고, 오늘날에도 반인륜적 비극이 서슴없이 벌어지고 있다. 그렇다면 인간은 본성이 악한 것이 아닌가? 법은 통치자나 엉뚱한 신념을 가진 자를 위해 있는 것인가? '법 없이도 산다'는 것을 지선의 소박함이요, 지고의 양심으로 여겼으나 그 법이 무서운 억압과 살상의 칼날이 되어 가슴 앞에 번뜩이는 것임을 알게 된다면 참으로 비정한 것이리라.

그러나 악법과 그 법을 만든 자는 바로 그 악법에 의해 심판을 받고 만다는 대원칙은 지금까지는 물론이요, 앞으로도 변함없을 것이다. 비뚤어진 신념, 인류 보편의 상식에 어긋나는 극단주의자가 통치를 담당하여 잔혹한 법을 제정할 경우, 그 피해와 고통은 상상을 초월할 만큼 엄청나다. 하물며 자신의 목적만 성취하면 그뿐이라는 생각에 저지른 오류는 긴 세월을 두고 상처를 덧나게 한다.

지도자들은 이 책을 일별一瞥하여 반면교사를 삼을 만하다. 그 어떤 수단이나 방법도 결국 덕을 이기지는 못한다는 '요불승덕妖不勝德'의 대원칙을 품고 살아야 한다. 그것이 삶의 가치요 주어진 직책의 임무임에랴.

문중자文中子
王通(撰)·阮逸(註)

바람직한 새 시대를 위한 현자의 사상

중국인은 역대 이래 최고의 자랑스러운 시대를 당 태종의 정관지치貞觀之治로 보고 있으며, 이때 위징魏徵, 방현령房玄齡, 이정李靖 등 10대 명신들은 바로 문중자 왕통이 길러낸 인물들이다. 왕통은 자가 중엄仲淹이며 수나라 때의 사상가이다. 서른 중반의 짧은 생애를 마친 뒤 문인들이 사사롭게 '문중자文中子'라는 시호를 지었다.

《문중자》는 편집과정은 물론 교육문답 방법, 인의도덕에 대한 개념 설명과 종정從政, 위정, 인물비평, 역사 설명, 자신의 탄식과 역사관 피력, 심지어 제자들의 언행과 성격 등 어느 하나 《논어》와 닮지 않은 것이 없다. 나아가 제목과 분량조차 비슷하며 은자와의 만남과 대화조차 아주 비슷하다. 공자 집단이 다시 태어난 듯한 느낌마저 든다.

왕통은 수나라가 망하고 뒤이어 당나라가 들어서서 천하태평을 이룰 것임을 확신했다. 그는 일반적인 "지금이 옛날만 못하다"(今不如古)는 생각을 벗어버리고 "앞으로 올 시대가 옛날보다 낫다"(来者勝昔)는 꿈을 품고 있었다. 특히 수 양제가 병중의 아버지 문제를 독살하고 제위에 오른 것과, 고구려 정벌(遼東之役)에 나섰다가 을지문덕에게 살수에서 2백만이 전멸한 전투, 강도江都 별궁에서 마침내 우문화급宇文及에게 시해되는 역사적 사실 등을 겪으면서 서북(山西, 古代 唐)에서 새로운 천자가 나타날 것이라 자신하였다.

변혁기나 왕조 교체기에 어떤 인물이 어떠한 생각을 가지고 제자들을 가르치며 다음 세대를 위해 어떤 준비를 하는가는 아주 중요한 일이다. 왕통의 이 책과 사상은 그러한 전형을 보여주고 있다. 아울러 《논어》를 읽은 사람이라면 이 책을 꼭 한번 훑어보기를 권한다.

임동석(茁浦 林東錫)

1949년생. 慶北 榮州 上茁에서 출생. 忠北 丹陽 德尙골에서 성장. 丹陽初中 졸업. 京東高 서울敎大 國際大 建國大 대학원 졸업. 雨田 辛鎬烈 선생에게 漢學 배움. 臺灣 國立臺灣師範大學 國文硏究所(大學院) 博士班 졸업. 中華民國 國家文學博士(1983). 建國大學校 敎授. 文科大學長 역임. 成均館大 延世大 高麗大 外國語大 서울대 등 大學院 강의. 韓國中國言語學會 中國語文學硏究會 韓國中語中文學會 會長 역임. 저서에 《朝鮮譯學考》(中文)《中國學術槪論》《中韓對比語文論》. 편역서에《수레를 밀기 위해 내린 사람들》《栗谷先生詩文選》. 역서에《漢語音韻學講義》《廣開土王碑硏究》《東北 民族源流》《龍鳳文化源流》《論語心得》〈漢語雙聲疊韻硏究〉등 학술 논문 50여 편.

임동석중국사상100

사마법 司馬法

司馬穰苴 撰 / 林東錫 譯註
1판 1쇄 발행/2009년 12월 12일
2쇄 발행/2013년 9월 1일
발행인 고정일
발행처 동서문화사
창업 1956. 12. 12. 등록 16-3799
서울강남구신사동563-10 ☎546-0331~6 (FAX)545-0331
www.dongsuhbook.com
잘못 만들어진 책은 바꾸어 드립니다.

*

*
사업자등록번호 211-87-75330
ISBN 978-89-497-0609-2 04080
ISBN 978-89-497-0542-2 (세트)